A identidade nacional,
um enigma

Coleção
HISTÓRIA & HISTORIOGRAFIA

Coordenação
Eliana de Freitas Dutra

Marcel Detienne

A identidade nacional, um enigma

Tradução
Fernando Scheibe

autêntica

© Éditions Gallimard, 2010
Copyright © 2013 Autêntica Editora

TÍTULO ORIGINAL
L'identité nationale, une énigme

COORDENADORA DA COLEÇÃO HISTÓRIA E HISTORIOGRAFIA
Eliana de Freitas Dutra

PROJETO GRÁFICO DE CAPA
Teco de Souza
(Sobre imagem de Hamlet e Horácio no cemitério, Eugène Delacroix)

EDITORAÇÃO ELETRÔNICA
Conrado Esteves

TRADUÇÃO
Fernando Scheibe

REVISÃO TÉCNICA E DE TRADUÇÃO
Vera Chacham

REVISÃO
Dila Bragança de Mendonça

EDITORA RESPONSÁVEL
Rejane Dias

Revisado conforme o Acordo Ortográfico da Língua Portuguesa de 1990, em vigor no Brasil desde janeiro de 2009.

Todos os direitos reservados pela Autêntica Editora. Nenhuma parte desta publicação poderá ser reproduzida, seja por meios mecânicos, eletrônicos, seja via cópia xerográfica, sem a autorização prévia da Editora.

AUTÊNTICA EDITORA LTDA.

Belo Horizonte
Rua Aimorés, 981, 8º andar . Funcionários
30140-071 . Belo Horizonte . MG
Tel.: (55 31) 3214 5700

Televendas: 0800 283 13 22
www.autenticaeditora.com.br

São Paulo
Av. Paulista, 2073 . Conjunto Nacional
Horsa I . 11º andar . Conj. 1101 . Cerqueira César
01311-940 . São Paulo . SP
Tel.: (55 11) 3034 4468

**Dados Internacionais de Catalogação na Publicação (CIP)
(Câmara Brasileira do Livro, SP, Brasil)**

Detienne, Marcel
  A identidade nacional , um enigma / Marcel Detienne . tradução Fernando Scheibe. -- Belo Horizonte : Autêntica Editora, 2013. -- (Coleção História e Historiografia)

  Título original: L'identité nationale, une énigme.
  Bibliografia.
  ISBN 978-85-8217-126-4

  1. Nacionalismo - Historiografia 2. Nacionalismo I. Título.
     II. Série.

12-15693   CDD-320.5409

Índices para catálogo sistemático:
1. Nacionalismo : Historiografia : Ciência política 320.5409

Numa proclamação de 1610, Jacques I se queixa de que nada mais "é agora poupado pela pesquisa", nem "os maiores mistérios da Divindade", nem "os mistérios mais profundos relativos à pessoa ou ao estado de Rei e de Príncipes que são Deuses sobre a terra", e de que homens incompetentes "possam livremente chafurdar com seus escritos nos mais profundos mistérios da monarquia e do governo político".

Ernst H. Kantorowicz,
Morrer pela pátria★

★ Traduzido do inglês americano e do alemão por Laurent Mayali e Anton Schültz. Paris: PUF, 1984. p. 81.

SUMÁRIO

Capítulo 1 – Entrever... 9
   Identidade... 10
   Nação... 11
   História/antropologia.. 13
   Construir o que se quer comparar............................. 15

Capítulo 2 – As metamorfoses da autoctonia
                no tempo da identidade nacional.................. 17
   Na Grécia antiga, o que quer dizer "autóctone"............ 18
   Na Austrália, devir aborígene...................................... 20
   Ao fio da identidade, a pessoa..................................... 23
   Queda, graça, pecado.. 24
   Sociedades sem "pessoa"... 25
   O indivíduo a identificar... 26
   De carteira em carteira.. 27
   Nação e nacionalidade.. 29
   Michelet, Renan... 30

Capítulo 3 – A dívida para com os mortos....................... 33
   Nação, uma ideia mística obscura.............................. 34
   Escrever para reaquecer os mortos............................ 35
   A terra, os mortos, a consciência francesa................ 36
   O enraizado, nascido de seus mortos........................ 37
   Cemitério cristão sobre a base da Igreja de Roma.......... 38
   Escritura, sepultura: a história enraíza....................... 39
   A dívida, a terra, os mortos: colocação em perspectiva.... 42
   O Judeu de cepa, na Terra santa................................. 44
   Na "cidade antiga", mortos tão leves.......................... 46

Capítulo 4 – Ficções de historicidade................................ 49
   Os vagidos de um nascer-aí-na-história..................... 50
   As cores outonais do passado..................................... 51
   Na China, os adivinhos-escribas.................................. 52

Os *Annales*, no tempo dos Pontífices de Roma................ 54
Viver e pensar o tempo.. 55
Gregos entre seus Alemães e alguns Pais da Igreja.......... 57
Sentido da história, e a queda mais uma vez................. 58
Uma historicidade de ferro, no tempo da destruição........ 61

Capítulo 5 – A história nacional, uma singularidade........... 65
Valáquios em busca de reconhecimento........................... 65
Maurice Barrès: enraizar os Franceses
na terra e nos mortos.. 67
Um ensino de história... 75
Petit Lavisse e sentimento nacional............................... 76
O sangue germânico, a herança dos ancestrais.............. 78
Uma extrema singularidade nacional............................... 79
História nacional: responsabilidades............................... 81
Olhadela comparatista sobre a "terra"......................... 83
Vanity-case do árbitro das singularidades....................... 85
O quadro nacional, reenquadrado.................................. 88

Capítulo 6 – Do mistério ao ministério,
a vergonha republicana............................... 91
Pequena mitologia se tornará grande............................. 94

Capítulo 7 – Em resumo: um nacionalismo ordinário........... 97

Apêndices.. 103
Documentos
1. Platão... 103
2. Jacques Robichez e Jean-Marie Le Pen...................... 104
3. Albert Thibaudet.. 105
4. A identidade da França.. 105
5. Maurice Barrès.. 106
6. Alphonse Dupront.. 106
7. Édouard Conte.. 107
8. Alfred Grosser... 108
9. Karl Popper... 109
10. Georges Duby e Robert Mandrou............................. 109
11. Fernand Braudel.. 110
12. Pierre Nora.. 110

CAPÍTULO I

Entrever

A identidade nacional, enigma ou mistério? A questão se coloca, e assume grande importância. Evocar um mistério a propósito da identidade nacional parece estranho e quero me explicar imediatamente. Foi em 2002, por ocasião da recepção de um novo membro da academia de história por um antigo, encarregado, como de costume, de responder a seu discurso de posse.

Dirigindo-se a Pierre Nora, René Rémond, também ele vindo das ciências políticas, o felicita por ter construído uma obra em torno de uma questão maior: a singularidade da nação francesa, e por ter sido habitado tanto tempo por uma interrogação ansiosa sobre "o mistério das identidades nacionais".[1] Em 2007, uma nação que faz parte da Europa, como tantas outras, decide criar um ministério da Identidade nacional.

Intrigado pelo emprego da palavra "mistério", ainda mais pelo fato de que, confusamente, ela me parecia pertinente, perguntei-me como convinha entendê-la. Tratava-se, como indica *o Robert*, de "cerimônias em honra de uma divindade acessível apenas aos iniciados"? Evidentemente não. Senão, o autor do discurso na Academia teria falado da nação em vez da identidade nacional. Em semelhante circunstância, "mistério" também não parece ter a conotação cristã que designaria como que um segredo no domínio da fé; não se falava outrora do "mistério da Trindade", ou, a propósito do ofício católico da missa, do "Santo Mistério"? Haveria então no nacional um

---

[1] NORA, Pierre. *Discours de réception de Pierre Nora à l'Académie française et réponse de René Rémond.* Paris: Gallimard, 2002. p. 73.

não-sei-quê de inexplicável para a razão humana, a do historiador, que é também a nossa.

Sem prejulgar da significação que lhe atribuía o orador nesse momento de grande emoção (ele não fala do "rasgo de gênio" do novo acadêmico?), não é impossível que o termo "mistério" queira indicar algo de profundo, de escondido e de obscuro que estaria no coração da "identidade nacional", em si – diríamos.

Quanto à pertinência da fórmula, acredito, como leitor atento, que ela esclarece muito diretamente a complexidade de uma noção como a de identidade, a respeito da qual todo mundo, especialmente na Europa de hoje, reconhece imediatamente que ela evoca a ideia de "nacionalidade". Uma ideia, muitas vezes objetivada por uma carteira muito material, que identifica um indivíduo, seja ele da Itália, da Alemanha ou da França, uma "pessoa" sentida como mais ou menos inseparável de uma cultura, de uma história, ou mesmo de uma missão ou de um destino.

Parece que as noções de identidade e de nação, por mais familiares que sejam, contêm em si uma complexidade e uma riqueza conceituais que deveriam despertar a curiosidade intelectual dos antropólogos e dos historiadores para os quais as palavras, as crenças e as representações partilhadas colocam problemas e fazem nascer questões de interesse geral. Por exemplo, antes de voltar a isso mais demoradamente, por que os seres humanos se apegam a certas crenças ou ideias mais do que a outras?

Identidade

Hoje, a identidade parece tão óbvia que não tê-la, ou nada saber dela, só poderia ser coisa de um tolo ou de um cabeça de vento. O desvio pela análise das palavras é talvez o atalho mais seguro para começar a desenhar uma primeira configuração da identidade e da nação. Um dicionário inteligente como o *Robert* desvela em algumas linhas a dupla significação daquilo que a palavra "identidade" recobre, como equivalente da "mesma coisa" ou de "mesmidade", de modo mais abstrato.

A primeira significação é de jurisprudência e de direito: ela conduz ao objeto material chamado "carteira de identidade" em certas províncias da Europa. Ao passo que o segundo valor semântico evoca a consciência que uma pessoa tem de si mesma, o que é ser si mesmo, em suma, o sentimento de identidade pessoal de um indivíduo contemporâneo, pressionado no dia a dia a cultivar a identidade do mais "personalizado" si.

Não é indispensável ter nascido antes da Segunda Guerra mundial para saber o que quer dizer a interpelação "seus documentos!", na Europa, com ou sem fronteiras nacionais. "Identidade" remete, insiste o *Robert*, ao reconhecimento de uma pessoa que foi presa, de um prisioneiro foragido, de um cadáver... É uma palavra técnica da medicina legal entre o vivo e o morto, entre "ser identificado" e, por exemplo, se identificar consigo mesmo ou com um outro, ou mesmo com outra coisa ainda por vir, quem sabe? É bom para o vivo não esquecer que há "identidade" quando um esqueleto é submetido ao exame dos serviços da polícia judiciária para saber se ele é mesmo o de tal indivíduo, distinto de todos os outros.

Nesse estágio da investigação, não há necessidade alguma de levantar os indícios que permitiriam saber que consciência essa "pessoa" teve de si mesma. A identidade física submetida à identificação nos parece brutal e grosseira; ela é, no entanto, primeira e fundamental, quaisquer que sejam as sofisticações tecnológicas. É ela que faz lei quando se trata de estabelecer o que chamamos "nacionalidade", seja esta ou não uma componente da "pessoa".

Nação

Ocorre com a "nação" o mesmo que com a identidade. É uma ideia ao mesmo tempo simples e rica em redobres, em arranjos de dobras. Nação se origina em nascer e nascimento, o que exige um lugar e um agente criador. O Indígena e o Nativo fazem eco ao Autóctone, assim como família, raça e linhagem se declinam entre si.

Em concorrência com gente e raça, nação designa um conjunto de seres humanos caracterizado por uma comunidade de origem, de língua e de cultura. Em 1668, La Fontaine fala da nação das doninhas, que é uma raça animal, como hoje poderíamos falar da gente historiadora.

É interessante notar que a nação pode também designar uma colônia de mercadores em país estrangeiro. No século XVIII, a nação-nascimento indígena se afirma como pessoa jurídica constituída por um conjunto de indivíduos. Em 23 de julho de 1789, por exemplo, ela se encarnará no Terceiro Estado, sendo ao mesmo tempo hipostasiada em "soberania", no lugar da realeza. Por certo, a nação não pode ser confundida com aquilo que o Estado pretende ser. Ela implica, com efeito, uma espécie de espontaneidade, essencial para a força de um Povo, com seus sentimentos e suas paixões.

Logo se vê, as dobras da palavra "nação" são numerosas e se desdobram segundo as diferentes maneiras de "fazer o nacional": em Assembleia que se diz constituinte, com treze colônias como as da América inicial, sem jamais falar de nação, e, sobretudo, mobilizando aqui e acolá ricos sentimentos, por vezes qualificados de "primordiais", como os laços com um lugar de nascimento ou de origem, com um meio por vezes desenhado por ancestrais, ou ainda com uma paisagem única, talhada por mortos, grandes ou não. Fala-se de bom grado de "apego a uma terra, uma casa, uma aldeia, uma pequena pátria" para explicar o engajamento nacional; tudo o que provém do imaginário coletivo em torno do estatuto de cidadão, definido em tal momento da história, de acordo com tal forma do Estado-nação ou da nação que está se tornando Estado. O nacional pode ser leve como se tornou na Itália ou na Alemanha; faz-se pesado e penoso em outros lugares, como na França e na Polônia, por exemplo.

Digamos logo que seria presunçoso atribuir à nação – e nesse caso seria à sua essência – uma estreita conivência com o advento das sociedades industriais, sob o pretexto de que elas secretam o anonimato de todos os cidadãos e impõem o aprendizado escolar de uma cultura fortemente centralizada e difundida através de uma linguagem normalizada. Se a "consciência nacional" se faz por vezes "vontade geral", ela não surge da decisão singular do Estado, ela se modela, lentamente muitas vezes, graças a um *ensino de história* e em referência a um conjunto de tradições, tanto mais eruditas na medida em que se dizem populares.

A história "nacional", ontem e hoje, é, sabe-se, um gênero narrativo muito apreciado e eficaz para dar forma e conteúdo à "identidade nacional". Voltaremos a essa questão demoradamente, pois ela é, na Europa contemporânea, o reino de nossas mais ricas "mitideologias".

História/antropologia

Uma configuração complexa de representações, de imagens e de ideias, eis o que poderia ser aquilo que os acadêmicos evocados chamam de "mistério da identidade nacional". Nesta hipótese, é permitido desdobrar as componentes, e, para tanto, gostaria de sugerir uma abordagem que mobilize ao mesmo tempo a antropologia e a história. Dois saberes igualmente curiosos por conhecer as sociedades humanas, mas por vezes ainda desconfiados em suas relações intelectuais e culturais. Eles não vêm de horizontes diferentes desde o fim do século XIX? Comecemos simplesmente pelas maneiras como historiadores e antropólogos delimitam em geral suas respectivas competências.

Segundo o filósofo que muito refletiu sobre o que ele chama de "a operação historiográfica", o ofício de historiador seria o de propor um relato "verdadeiro" a fim de representar "da melhor maneira possível" o passado.[2] Um passado separado do presente e que, em princípio, impõe que se creia que há descontinuidades e diferenças no tempo. A mudança foi por muito tempo o objeto patenteado do saber dos historiadores antes que eles dessem a conhecer explicitamente sua qualidade de herdeiros, de vivos "afetados", em geral mais para mais do que para menos, pelo passado. Ora insistindo numa espécie de dívida para com os mortos, e será preciso voltar a isso a fim de compreender o que representa o gênero "história nacional"; ora desejando tirar do estudo do passado, e de alguns de seus objetos, instrumentos críticos que poderiam ser úteis ao estudo de nossa sociedade. Uma relação crítica entre o conhecimento do passado e o presente não exclui necessariamente que se seja afetado pelo passado, sobretudo se esse passado não for neutro, mas pertencer ao historiador que age em tal ou tal lugar, ou meio.[3]

O que dizer da antropologia, se quisermos reter os traços que, por sua vez, poderiam caracterizá-la? Por muito tempo, a

---

[2] RICŒUR, Paul. Paul Ricœur raconte "La mémoire heureuse". *Notre Histoire*, n. 180, sept. 2000, p. 9. Entrevista. Ele acrescenta: "[a história] tem igualmente a tarefa de reabrir os dossiês, de se interrogar sobre os *relatos verdadeiros* que foram propostos".

[3] Todo leitor de história pode facilmente compreender que é isso que se dá o mais das vezes.

antropologia, fosse ela física, cultural ou social, pareceu possuir um domínio reservado: os grupos humanos situados fora do universo próprio àqueles que, no fim do século XVIII, se autodenominavam os Observadores do Homem. Já com a ambição de saber mais sobre a espécie humana em geral. O objeto da antropologia foi até o início do século XX: os Outros, reunidos sob a designação muito controlada de Povos da Natureza, ou de Primitivos, senão Selvagens. Vasto conjunto de sociedades e de culturas, por vezes fundidas na categoria da Alteridade, tão vaga e logo condenada a ser interrogada sobre a impossível relação global entre "eles" e nós, mesmo com o recurso a toda uma panóplia de diferenças.

A tantos usos lamentáveis do Outro e da Alteridade, parece-me preferível opor que a antropologia, desde suas primeiras análises e experiências, tomou como objeto privilegiado a variabilidade das culturas ou das civilizações produzidas e inventadas pela espécie humana no curso de sua história biológica.

O passado em si, crença que alimentou o que se chamou de historicismo (e estudaremos seu impacto ao falar de "historicidade"), jamais cativou a curiosidade do saber antropológico. Por outro lado, os antropólogos, desde seus primeiros ensaios, defenderam vigorosamente uma abordagem comparativa tanto quanto uma colocação em perspectiva das culturas entre si.[4] Gosto de recordar que uma das maiores metas da antropologia é a de "levar um grupo de pessoas a tomar [um pouco] de consciência [de uma parte] da maneira como vive um outro, e, assim, [de uma parte] da sua".[5]

Ao longo do caminho, e para melhor *nos* colocarmos em perspectiva a nós mesmos, aqui e acolá, foi salutar descobrir que a matéria do texto antropológico – pois a antropologia se escreve – é também estrutura narrativa, como o relato histórico e historiador;

---

[4] Sobre o comparatismo, permito-me remeter a DETIENNE, Marcel. *Comparer l'incomparable*. Paris: Seuil, 2009; em particular, p. 9-39.

[5] Fórmula vinda, entre outras, da pena de um antropólogo americano de voo muito alto, Clifford Geertz, que acaba de desaparecer, mas deixa livros maravilhosos como *Ici et là-bas: l'anthropologue comme auteur* [1988]. Tradução de D. Lemoine. Paris: Métailié, 1996 (o trecho citado está à p. 142). Publicado no Brasil como *Obras e vidas: o antropólogo como autor*. Tradução de Vera Ribeiro. Rio de Janeiro: Editora UFRJ, 2002.

ou seja, que os dois saberes, a antropologia e a história, são igualmente marcados pela retórica, por contextos políticos e sociais, assim como pelo gênero em que se pensa a análise ou a observação. O olhar de um Observador do Homem é tão determinado e construído quanto o de um Historiador da Nação ou de qualquer um que observe e olhe.

Todos admitirão sem dificuldade: os antropólogos se sentem menos os herdeiros de seu passado. Parecem mais preparados para comparar e para colocar problemas gerais, como as relações variáveis entre os seres humanos, as formas de parentesco, os fundamentos do "político", as modalidades do crer, assim como a gênese de uma série de conceitos.

Construir o que se quer comparar

Mais do que "comparar o que é comparável", fórmula vazia por muito tempo repetida, convém *construir* analogias eficazes entre uma disciplina ou um domínio de pensamento e outro, como o fez a antropologia com sucesso. Todavia, o que o saber antropológico traz de mais precioso para as ciências humanas é a arte de colocar em perspectiva figuras e configurações *dissonantes*, ou seja, maneiras radicalmente diferentes de pensar e representar o que parece fazer parte do "senso comum". Por exemplo, "ter uma identidade" ou uma "nacionalidade". E é este o propósito deste livro, que gostaria, em termos simples, de colocar em perspectiva ficções do passado ou do presente, como o puro Celta da Padânia (na Itália), o hindu-hinduísta de raízes védicas (na Índia contemporânea), o Japonês[6] nascido da terra dos deuses com sua vontade de ser autóctone, ao lado do Alemão historial de ontem, do Ateniense, puro rebento da Terra autóctone, do Francês de *cepa* novamente enraizado, e do *native* – "cidadão de cepa" americano.

Para melhor entrever como a noção de identidade serviu de base a tantas representações do nacional, acho bom explicitar algumas hipóteses de interpretação.

---

[6] Em francês, sempre que o adjetivo pátrio é substantivado, são usadas iniciais maiúsculas. Embora isso não aconteça no português, resolvi manter as iniciais maiúsculas por considerar que, no contexto deste livro, elas funcionam como uma espécie de destaque (não destituído de ironia). (N.T.)

Primeira hipótese: a cultura, no sentido antropológico, seria "similaridade" entre os pensamentos de diferentes pessoas. Segunda hipótese: haveria em toda cultura – e antes de tudo na medida em que ela procede do "senso comum" – certos "esquemas conceituais", ao mesmo tempo mais estáveis e mais ricos emocionalmente.[7] Duas qualidades que poderiam favorecer uma "similaridade" mais forte entre os pensamentos individuais de pessoas em sociedade.

Na Europa, tal como ela é desde o fim do século XVI, um desses conceitos estáveis seria o de indivíduo ou pessoa, mais precisamente, a partir do século XIX, o indivíduo-agente, que está na história e que a faz, essa história, num lugar creditado com a capacidade de se reproduzir a si mesmo (teremos portanto que explorar a categoria de historicidade). Em suma, sempre no registro das hipóteses, haveria uma similaridade, uma "mesmidade" que se desdobraria em torno do nascimento, inevitável para todo ser humano: nascer de seu próprio lugar, ser seu produto e seu agente e – por que não? – ser o agente de sua própria história em escala coletiva, afirmando-se ao mesmo tempo como ator singular reconhecido em sua qualidade de pessoa, única sem dúvida alguma.

Hipóteses a colocar em debate e à prova de um encaminhamento assim balizado, mas que conduziriam a pensar que semelhante "esquema conceitual" ou, se preferirmos, uma tal "unidade cultural" seria poderosa o bastante para se autorreproduzir como se tivesse nascido de si mesma, e mesmo de forma idêntica. Acrescentemos que um tal "esquema conceitual", ao mesmo tempo fácil de memorizar e de comunicar, poderia em certas circunstâncias (políticas, sociais, econômicas) gozar de uma grande riqueza emocional. Motivos para deixar entrever para a pequena "identidade" a promessa de um tempo glorioso por vir.

---

[7] Hipóteses oferecidas especialmente por BOYER, Pascal. *Et l'homme créa les dieux: comment expliquer la religion* [2001]. Paris: Gallimard, 2003. (Folio Essais).

CAPÍTULO II

As metamorfoses da autoctonia no tempo da identidade nacional

Ser o mesmo, ser idêntico a si mesmo não é uma necessidade vital para cada ser humano. Não é impossível encontrar sociedades em que falar de identidade, ou de mesmidade, causaria surpresa. Uma tradição europeia nos familiarizou com palavras como "nativo" ou "nascido", "país" ou "indígena". Não o somos se habitamos há muito tempo numa região, mesmo se "indígena" exala ainda hoje um cheiro de colonização? Com "autóctone", corre-se francamente o risco de causar desorientação em certas partes da Europa, quando na verdade se trata de uma boa e velha palavra do tempo de Rabelais, que adorava falar grego tanto quanto latim. Autóctone, para dizê-lo simplesmente, é uma palavra indígena surgida em várias aldeias-cidades da Grécia antiga para se afirmar "nascido da própria terra", a própria terra habitada por aquele ou aquela assim qualificado(a). Em seu dicionário, sempre de bom alvitre, Littré sugere que autóctone, à diferença de indígena, evoca que se é da região, da terra, como a vinha ou o vinho.

Hoje, a ideia de autóctone retorna, volta a ser atual. Todos o sabem, sem dúvida.

Desde 29 de junho de 2006, o Conselho dos direitos do homem adotou a "Declaração sobre os direitos dos povos *autóctones*".[8] Ela foi debatida pela Assembleia Geral da ONU, em Nova Iorque,

---

[8] Ver CLÉMENT, Catherine. *Qu'est-ce qu'un peuple premier?*. Paris: Panama, 2006. A obra desenvolve amplamente as questões colocadas pelo que é "primeiro" e "autóctone". A Declaração das Nações Unidas está ali reproduzida nas páginas 203-222.

que acaba finalmente de adotá-la. Mil e duzentos povos autóctones se veem assim reconhecidos em seus direitos apesar da recusa dos Estados-Unidos e da França, por razões diferentes. Deixemos a América por enquanto e consideremos a França e sua herança grega.

Autóctone teve que esperar até 1835 para obter sua autorização de residência, puramente linguística, em território francês, apesar de um puro *pedigree* ateniense e da autoridade do helenismo. "Autóctone" jamais chegará a fazer sombra à palavra "enraizado", o Francês *enraizado* de Maurice Barrès, que permaneceu ela própria bastante confidencial. Por sua vez, criar raiz e enraizar figurarão sempre discretamente frente ao triunfante "de cepa", cultivado pela Direita e sua Extrema.

Na Grécia antiga, o que quer dizer "autóctone"

Desdobrar um campo semântico, ou seja, o conjunto das significações que aureolam uma palavra, pode ajudar a avaliar, a inventariar uma noção tão rica e longinquamente ancorada como a de autoctonia, doravante mundialmente reconhecida. Um pouco de história não faz mal, nem àqueles que se dizem "autóctones", nem àqueles que lhes contestam esse direito.

"Autóctone", em grego, parece ter sido inventado, com dezenas, centenas de outros vocábulos, por Ésquilo, quando compunha uma de suas numerosas tragédias. O que quer dizer que se trata, em Atenas, de uma palavra novinha em folha para um ouvido grego quando ela ressoa por volta do ano 450 antes de nossa era. Belo achado para dizer "que nasce da própria terra" e, com toda verossimilhança, o "Eu sou autóctone" vai se tornar rapidamente o dos Atenienses em coro. Cinquenta anos antes, note-se, Atenas é uma cidade grega como qualquer outra, com um "Primeiro Nascido" do mesmo tamanho que em toda parte. Em seguimento às guerras conduzidas contra os Medas e os Persas, Atenas será vítima de um acesso de hipertrofia do eu, em direção a um "Nós, os Atenienses".

Mesmo se nossa informação é muitas vezes escassa, trata-se de uma boa oportunidade para ver como pode crescer e deitar raiz uma pequena mitologia mesclada de ideologia confessada. Uma instituição local, da região, parece ter lhe servido de húmus: em meados do século V, a elite de Atenas, ou antes, os intelectuais do círculo de Péricles (trata-se apenas de uma hipótese) imaginam fazer pronunciar diante dos caixões enfileirados de seus "mortos-na-guerra" um discurso, uma oração em forma de elogio da cidade, a deles. Cidade tão admirável que é por excelência "nascida de si mesma", *autóctone*. A ideia é forte e prometida a um porvir radioso. Na Ática, todavia, ela mal chega a durar um século; mas Barrès, o Maurice Barrès da Lorena e da França-Alsácia, lhe dará uma segunda vida, no fim do século XIX, com a fórmula memorável e ainda por meditar: para fazer uma nação, para forjar a "consciência nacional", é preciso "cemitérios e um ensino de história". Voltaremos a isso.

Qual é, pois, o conteúdo das orações fúnebres? Elas procedem em Atenas e na Grécia do século V de um gênero batizado "Arqueologia" ou "Discurso sobre os Começos" (*archaí*) que se transformam facilmente nos Princípios e nos Valores. Eis, portanto, como os oradores oficiais-em-pompas-fúnebres delineiam em três pinceladas o retrato do aborígene de Atenas.

O primeiro caligrafa: "Somos os autóctones, nascidos da própria terra de onde vos falamos" – vós, é claro, família, concidadãos, mas também vós, os metecos, no sentido grego, vós que habitais ao lado (metecos, periecos...), assim como vós, os Estrangeiros convidados para a cerimônia. Os Bons Autóctones somos nós, saídos de uma terra cujos habitantes permaneceram idênticos, "os mesmos", desde as origens (doc. 1[9]). Sem descontinuidade. Um Francês de cepa entenderá: Hugues Capet ou o bom Dagobert (doc. 2). Uma terra que nossos Ancestrais nos transmitiram. Herança, hereditariedade, o passado em linha direta (il. 1 & 2).

Segundo traço do mesmo pincel: os Outros? Todas as outras cidades são feitas de imigrados, compostas de estrangeiros, de pessoas vindas de outras partes, de fora. Evidentemente, seus descendentes só podem ser chamados de "metecos", o que, sem ser completamente desdenhoso, não parece aureolado por nenhum prestígio notável. Portanto, fora de Atenas, as coisas são claras e límpidas: há

---

[9] Os documentos se encontram reunidos nos anexos (p. 103).

apenas cidades compósitas, híbridas – mundo suspeito de cidades com um ajuntamento de todas as cores. Só os Atenienses, e logo só os verdadeiros, ou seja, nascidos de pai e de mãe atenienses, só os Atenienses autênticos (outra palavra grega) são puros autóctones. "Puro", pois sem mistura, sem aliagem de não autóctones.

"Sem mistura" é, com efeito, a fórmula que soa alto e forte num diálogo de Platão, o *Menexeno*, uma oração fúnebre em forma de pastiche e mais verdadeira que as enfadonhas composições acadêmicas recitadas antes e depois dela. Nossa cidade experimenta um ódio "puro" (*katharos*), sem mistura, pela gente estrangeira – como afirma a voz melodiosa de Aspásia, uma Aspásia-Sócrates, a companheira "estrangeira" de Péricles, convidada a pronunciar a oração fúnebre no ano fictício do *Menoxeno* composto por Platão, que tinha sua própria concepção de autenticidade.

Para apreciar os sabores dessa nova representação de uma "historicidade" acomodada por uma linhagem de Oradores em orações fúnebres, é preciso lembrar aos Estrangeiros dos quais fazemos parte que, nem bem um século antes, a Ática, terra pobre e deserdada, era um lugar escolhido como asilo e um país acolhedor para os imigrados. No início do século VI, Solon tinha tomado medidas legislativas para atrair todos aqueles que tinham um ofício e desejavam residir na Ática.[10]

Na Austrália, devir aborígene

Disse-o logo no começo: o Indígena ou o Nativo vão de par com o Autóctone cuja dignidade foi reconhecida. Comparar é colocar em perspectiva, dar dois passos para o lado e se perguntar o que é o Autóctone de Atenas em relação a um *Aborígene* de outro lugar. Desta vez, a palavra é latina e designa inicialmente "os habitantes pré-latinos da Itália", como diz o *Robert*. A abordagem comparativa é sempre mais viva para quem gosta de viajar. Vamos, portanto, para uma outra parte do mundo, na esteira dos súditos de Sua Majestade britânica. Eles dispõem de excelentes navios, controlam uma grande

---

[10] Para saber mais, permitirão que eu remeta a DETIENNE, Marcel. *Comment être autochtone: du pur Athénien au Français Raciné*. Paris: Seuil, 2003.

parte dos mares e dos oceanos. Um belo dia, em 1788, hasteiam sua bandeira na terra hoje chamada Austrália. Na costa de Nova Gales do Sul, eis que instalam sua colônia penal. Os descobridores de uma expedição anterior não haviam observado com suas lunetas mais do que pequenos grupos espalhados de evidentes selvagens. Nenhum ajuntamento consequente, nenhum vestígio de agricultura, e os Ingleses sabem o quanto um proprietário gosta de cultivar sua terra. Nenhum vestígio de criação, nem de comércio, nem das indispensáveis estradas. Uma única conclusão possível: trata-se de uma terra bem conhecida nos gabinetes dos estudiosos como uma *terra nullius* – que não pertence a ninguém. Os indígenas disseminados da Nova Gales do Sul, assim nomeada à sua revelia, serão batizados de *aborígenes* (ab-, desde a origem), o que é etimologicamente perigoso. Conhece-se melhor a continuação da história. Desde o caso de 1981, os Australianos reescrevem a história da Austrália, seus advogados negociam com os advogados dos autóctones que há muito tempo já não vivem mais de caça nem de coleta. Os Britânicos de 1788, apesar de suas lunetas, não tinham podido ver nem adivinhar que os aborígenes da região eram uma das raças mais fanaticamente apegadas ao solo onde nasceram. Mas apegados de maneira diferente da dos campos ingleses. Sobre cada território da dita Austrália, indivíduos possuem como propriedades suas lugares, reconhecidos como sagrados, que transmitem a seus descendentes. Lugares de identidade, diriam alguns um pouco precipitadamente. Outras sociedades, outros proprietários, e outros laços com a terra. Hoje, diante dos tribunais e da Corte Superior, a questão é asperamente debatida: o laço com a terra, se é de "tipo" religioso e não um título de "propriedade" (no sentido dos notários), é ainda um laço? História a seguir, e antropólogos se afainam em escrevê-la com juristas e todos aqueles que de direito.

O que é um direito "primordial" sobre terras que colonos em torno de uma colônia penal "possuem" há duzentos anos? Singular terreno de observação onde se espremem, gostaria de convidá-los, os autóctones de Atenas, os historiadores de cepa europeia e os nativistas americanos: nascimento a fórceps da aboriginalidade. Os nativos primordiais devem demonstrar seu laço com a terra através das genealogias, dos costumes e das instituições.

Ser "autóctone" na Austrália onde se é aborígene é infinitamente menos simples do que na Atenas do século V onde bastava escutá-lo ser dito e repeti-lo antes de comer a sopa da noite. Outro tempo, outros costumes, conhecemos a canção. Sim, o que é a nação australiana? Eis uma nação realmente em crise. Lá, historiadores da região escrevem uma história que inicia resolutamente há 60.000 anos, de acordo com os testemunhos da paleontologia e dos arqueólogos.[11]

É pouco verossímil que os mil e duzentos povos autóctones da Declaração da ONU tenham conhecimento da autoproclamação fúnebre dos Atenienses, em sua autoctonia ao mesmo tempo local e boa para um Ocidente distante. Pelo contrário, é muito verossímil que a maior parte deles, mesmo que fosse composta de autênticos aborígenes, se surpreenderia ao descobrir que um grupo de homens poderia ser *o mesmo*, nascido da terra mesma, numa sorte de identidade abstrata que não teria necessidade alguma de se fundar naquilo que parece hoje mais desejável, a saber, uma "identidade nacional ou étnico-nacional". Os etnólogos em busca de campos reconheceram há muito tempo a riqueza de uma jazida onde a modernidade de uma identidade de papel se alimenta do arcaísmo de um relato de origem em vias de se tornar história, relato histórico. Colocar essas representações em perspectiva no tempo e no espaço leva a compreender o quanto a maior parte de nossas evidências em matéria de identidade é estranha e improvável para quem se decide a considerá-las de outro lugar, frequentemente do mais distante.

Uno e indivisível, como o esperamos, o indivíduo não surge dotado do privilégio de ser idêntico a si a fim de se realizar na posse de uma "identidade nacional" definitiva. Há aí uma longa história de que eu gostaria de reter alguns fragmentos ao longo da trajetória daquilo que contraímos o hábito de chamar de "pessoa".

---

[11] Ver MERLE, Isabelle. Le Mabo Case: l'Australie face à son passé colonial. *Annales HSS*, n. 2, p. 209-229, mars-avr. 1998.

Ao fio da identidade, a pessoa

O fio da identidade é duplo, recordei-o seguindo o *Robert*. Ele é tecido, por um lado, de jurisprudência, de medicina legal, de investigação policial e, por outro, da consciência de si, de tudo que faz de uma existência individual um ser de bom grado qualificado como único enquanto "pessoa". Dois ou três apontamentos numa história greco-latina e sobretudo cristã bastam para descobrir a estranheza do que a "pessoa" significa nas sociedades de tipo ocidental. "Pessoa" vem do latim *persona*, sujeito de direito no século IV de nossa era, mas a noção já é suscitada nos debates tumultuosos sobre a Trindade, sobre as três pessoas, em que, através da categoria grega de *prosôpon*, máscara e face, enfrentam-se os três irmãos inimigos de uma teologia crística.

No momento em que se impõe na escala de um império o feixe de crenças de uma seita entre outras, uma pequena mitologia, dita da Encarnação, levará a fazer saber que o Verbo (*Logos*), ou seja, o Cristo em sua qualidade de Filho, se distingue do Pai, chamado de Deus o Pai, enquanto "pessoa", no sentido de *limitação*, uma limitação que carrega um nome e se reveste assim da "face" do Pai, votado a permanecer inominável em sua infinitude. Pouco nos importa que o dito Cristo do catolicismo romano tenha sido o resultado da união do Verbo de Deus e da humanidade individual. O que deve reter nossa atenção na perspectiva conceitual escolhida por este livro é que se experimentam nesses debates teológicos as definições do que é um *limite*, uma maneira de *circunscrever*, uma aproximação entre o *individual* e o *absoluto*, o absoluto que toma forma na tradição chamada hoje judaico-cristã (il. 1 & 2).

Entre o sujeito de direito e a questão da natureza humana, o saber dos antropólogos não pode ignorar a tradição elaborada pelos Pais da Igreja, como se costuma designá-los. Certamente, o século III de nossa era, com suas disputas, nos parece bastante afastado da autoctonia de Atenas, assim como das exigências contemporâneas de identidade cultural e patrimonial. Detenhamo-nos, entretanto, ainda um instante, nas proposições defendidas por Orígenes ao longo do século III, quando afirma contra os filósofos gregos que a ordem do mundo não é primeira, mas que o são as "pessoas" individuais, todas criadas iguais e revestidas de um corpo mais ou menos pesado, de acordo com os pecados cometidos numa existência anterior. Uma mitologia como as outras, mas da qual sabemos que teve muito sucesso: um deus, o deus de Orígenes, quer a salvação das almas individuais pelo corpo, e esse deus é *aquele* do Antigo Testamento e de sua Gênese, revisto ou novamente revelado pelo Novo Testamento.

Queda, graça, pecado

Se queremos compreender o quanto é singular a coisa material que chamamos de "carteira de identidade" em certas partes da Europa, é preciso levar em consideração, na mesma tradição, os debates em torno do pecado e da graça, ou seja, a definição da natureza humana, em si. Debates que, para simplificar, podemos reduzir ao confronto, muito vivo então, entre Agostinho e Pelágio, desta vez no século IV de nossa era. Duas proposições contrastantes: Para Agostinho, a noção de pessoa é fundamentalmente marcada pelo "pecado original"; é a culpa da *individuação* que faz o infortúnio do homem. A individuação, é preciso insistir, surge originalmente como a doença da alma. Ao passo que, para Pelágio, o grande vencido – infelizmente! dirão alguns – desse debate, a humanidade da criatura "corpo e alma" não está marcada com ferro em brasa pela culpa original: o indivíduo, pelo contrário, é dotado de autonomia e de liberdade; goza de um livre arbítrio; dispõe de um querer, de um campo de responsabilidade; por sua capacidade de ação – e isso é essencial para a vertente ocidental –, escapa à doutrina, ao dogma da *morte* como consequência do *pecado*, de uma fraqueza moral herdada de uma culpa primeira. Voltaremos a isso quando discutirmos a questão da historicidade, do sentido da história, ou simplesmente de ser na história. Por enquanto, notemos que se trata de um grande debate que leva à escolha de um gênero de vida, para além do quadro mitológico e teológico de uma tradição de que se vê bem o quão estranha ela é. Uma tradição que vai construir com materiais de catedral a Igreja da Idade Média, encarregada por longos séculos do governo das almas e dos homens. Com um tempo forte, aquele do *direito canônico* do século XII, que define o homem da fé cristã como uma *persona*, pessoa marcada pela singularidade, pela continuidade e pela identidade, a "mesmidade", na continuidade.

Sociedades sem "pessoa"

Se o direito canônico deve parecer exótico para muitos daqueles que podem ainda se reconhecer na definição da pessoa, é deslocando-se em direção à Índia que o comparatismo começa a fazer refletir sobre os conceitos e as categorias de nosso senso comum. A Índia onde bons observadores denunciaram há muito tempo a ausência do indivíduo e a presença de uma outra noção da pessoa, particularmente no budismo. Segundo a doutrina da transmigração, entre o ser e suas manifestações empíricas, em seus corpos múltiplos, entre o ser e seus atos, não há ligação essencial. A Índia impõe a pluralidade e a instabilidade das formas, sob o reinado da ilusão criadora, a *mâya*. Quanto à libertação, que é o vetor da transmigração, ela é *metaempírica*; seu termo é o *nirvana*, a extinção, que é sem forma, sem conteúdo, sem movimento. Por trás da diversidade dos seres, há a unidade do Ser, o *Brahman* absoluto. Que lugar pode haver para um agente, fonte de seus atos, num pensamento voltado para um Absoluto radicalmente impessoal?

Uma mesma brutal desorientação poderia ser obtida indo em direção às sociedades africanas onde a pessoa "explode" numa série de componentes, materiais ou não (carne, sangue, esperma ou sopro e sombra), transmissíveis ou não, mas ora conectadas a um conjunto de representações míticas, ora integradas a rituais e instituições que determinam o lugar de cada um em sociedades frequentemente mais complexas do que nos parecem. Para nos colocarmos a distância da "pessoa" ou do "indivíduo" de nossa experiência imediata, é muito útil conhecer sociedades contemporâneas das nossas onde o estatuto de "pessoa" só é abordado através de momentos sociais (desmame, casamento) e de ações rituais (os diferentes graus de iniciação), e onde, ainda por cima, ele só é plenamente atingido no momento em que o indivíduo se junta à Comunidade dos ancestrais. As sociedades mascaradas, onde a identidade está incessantemente em devir, ignoram o si, o sujeito ou a *ipseidade* do eu que, para nós, significa a manutenção de si através das mudanças de intenção e reivindica, com a promessa ou o juramento, um alto valor ético.[12]

Toda tradição tem uma história feita de descontinuidades, e, se temos o sentimento de conhecê-las melhor na história que nos demos, esta é apenas uma aproximação entre outras. Com esta reserva, e para indicar ainda dois ou três apontamentos em direção de nosso senso comum de uma "pessoa", pode-se dizer, seguindo um historiador lúcido, daquilo que ele chamou de "uma história do homem interior", que "é o século XVIII que considerará com alguma atenção o indivíduo [...], é no século XVIII que se desenhará nossa imagem da pessoa". "Século XVIII: momento de grande desenvolvimento do capitalismo industrial, momento do pietismo protestante, do romantismo, dos inícios do historismo, dos inícios dos nacionalismos. O interesse pelo passado se liga ao fervor, à atividade industriosa, à atividade social. Cada homem tem agora sua religião, seu lugar, sua individualidade."[13]

O indivíduo a identificar

Deixemos agora o homem interior e tudo aquilo que, da identidade pessoal, parece só poder se estabelecer interiormente. "Consideremos o indivíduo com atenção": a fórmula convém perfeitamente à outra face da identidade, aquela que o *Robert* circunscreve sobriamente falando de reconhecimento de um cadáver, de um prisioneiro fugido ou de uma pessoa presa. Entram em cena o policial e o médico legista tendo como pano de fundo a invenção do estado civil.

Nada é mais simples, inicialmente, pois se trata de, considerando um indivíduo com atenção, identificá-lo. É uma operação que fazemos

---

[12] Paul Ricœur refletiu muito sobre isso. Por exemplo, na sua contribuição "Individu et identité personnelle" ao volume coletivo *Sur l'individu*. Paris: Seuil, 1987. p. 54-57. Publicado em Portugal como "Indivíduo e identidade pessoal" no volume *Indivíduo e poder*. Tradução de Isabel Dias Braga. Lisboa: Edições 70, 1987.

[13] Longa e rica história, conduzida principalmente por Ignace Meyerson, que pensou e dirigiu o volume coletivo *Problèmes de la personne*. Paris; La Haye: Mouton, 1973. (EPHE, VIe section). Sigo muitas vezes de perto sua contribuição final "La personne et son histoire" (p. 473-482).

imediatamente e continuamente na vida cotidiana, em contato com tudo o que é animado. Já o sabemos: a psicologia intuitiva da espécie humana se construiu ao longo de centenas de milhares de anos em que fomos predadores e presas. Para viver e sobreviver, era essencial aprender a distinguir quem, animal ou homem, fazia tal barulho, o que significava tal forma entrevista, o que queriam dizer os traços de tal face, ou, ainda hoje, que inferências outros seres vivos vão tirar da representação que me faço de tal indivíduo, em tal precisa situação. Para todo ser vivo, esteja ou não consciente disso, identificar é vital. Reciprocamente, para todo indivíduo que vive e sobrevive socialmente, ser identificado é tão cotidiano e banal quanto identificar os seres vivos que o cercam e abordam.

É assim desde a aparição das sociedades do face a face, com os pequenos bandos especialistas na caça e na coleta, até as sociedades meio aldeãs, meio urbanas onde cada indivíduo, por inserção numa série de círculos de solidariedade e de ação, pode ao mesmo tempo ser conhecido e reconhecido. Para ir com um passo mais alerta em direção às sociedades onde nascerá o que chamamos *identidade nacional*, basta escolher, sem medo de se enganar, a província da Europa que, do fim do século XVIII até hoje, foi o laboratório sem rival das práticas de estado civil. É na França que, através de uma série de experiências administrativas e policiais, se efetua a formatação da cidadania, que culmina, com o regime de Vichy e o fim da Segunda Guerra mundial, na criação da carteira de identidade nacional "obrigatória". Eis uma singularidade francesa cuja estranheza se deixa descobrir a partir dos países de tradição anglo-saxônica, que, em princípio, dispõem hoje dos meios mais sofisticados para identificar cada indivíduo no mundo inteiro, mas que, ingleses ou americanos, são radicalmente contrários, por uma tradição de vários séculos, à instauração de uma carteira ou de um documento que ofenderia a liberdade individual, como é pensada e defendida lá (il. 7).

De carteira em carteira

Algumas datas e pontos de referência para *nos colocar a distância de nós mesmos* nestes tempos de metamorfose da autoctonia. Na França, portanto, o advento do sufrágio dito "universal" data da lei de 2 de março de 1848. A questão se coloca imediatamente: o que é um cidadão francês? Em 1789, o indivíduo é liricamente identificado a sua pátria. Às armas, cidadãos! Ir as urnas não é coisa que se improvise. Em 1848-1849 quem é quem? Há sem dúvida, aqui e ali, registros de estado civil que vieram substituir os registros paroquiais da Igreja que se queria "católica". Mas eles são controlados? Provêm de uma autoridade *central*? A resposta dos historiadores é negativa. A partir daí, como diferenciar um indivíduo "cidadão" de um outro que não o seria? Todos hoje, sempre na França, perguntarão: "Mas e o que faz a polícia?" O que ela fazia, com efeito? É preciso saber, em primeiro lugar, que até os anos 1880, cada um "dispõe livremente de seu passado", em conformidade com o "direito das gentes" em uso. Outra informação histórica capital: para "reconhecer", para "identificar", a polícia ainda tem apenas a técnica de olhar com atenção e assim "tirar o retrato". Uma técnica inventada para os *culpados* e para os *criminosos*: somente os indivíduos reconhecidos como perigosos são "olhados com atenção" – ou seja, identificados por um certo número de traços físicos fixados na imagem mental de um guarda da prisão – pelo tempo necessário (il. 3). Pode-se imaginar a sequência, mesmo quando a polícia começa a fotografar os acusados nos anos 1870. Compreende-se, então, sem dificuldade o estado depressivo dos serviços de polícia, impotentes não apenas para fixar a imagem dos indivíduos chamados perigosos, mas também para fazer uma contagem exata de todos os membros de uma sociedade em que cada um pode ser potencialmente suspeito. Evidência que cresce à medida que se intensifica a mobilidade das pessoas e que aparecem as cidades tentaculares modernas.

A revolução identitária, que continua em marcha hoje, e a bom passo, começa com Francis Galton e as impressões digitais. Um sinal, destacado do corpo, separado do indivíduo físico, vai permitir identificar cada ser humano. Se a descoberta cabe a um Inglês, na França, a glória pertence a Alphonse Bertillon, o superpolicial que mostrará à República e à nação como se pode identificar qualquer indivíduo pertencente à espécie humana. Bertillon será apresentado na Exposição universal de 1889 como uma prova do "gênio francês".

Desde a aparição da fotografia, os serviços de polícia abriram o olho. Seguiram de perto os progressos da estatística e da antropologia física. A identidade de um indivíduo se constrói com um certo número de traços-sinais: a forma do nariz, das orelhas, a cor dos olhos, a ossatura, os estigmas físicos. É uma identidade submetida à *identificação*, e antes de tudo a dos indivíduos perigosos, acusados, condenados, reincidentes. O mais das vezes pensados como *estrangeiros*, indivíduos suspeitos indo e vindo em território nacional. A identidade por identificação é inicialmente destinada aos outros que não os cidadãos que, estes, participam por direito abstrato à "soberania nacional"[14] (il. 4).

Nação e nacionalidade

"Nacional", que vai crescer entre nação e nacionalidade, pertence a uma história bem documentada que permite descobrir uma parte do que "nacionalismo" podia querer dizer através de uma série de experiências para "fazer nações e nacionalidades", experiências em curso em todas as partes do mundo. Nascer num lugar, ou de um lugar, por transmissão da vida é, ainda para a espécie humana contemporânea, o mais banal e o mais cotidiano. Donde o grande número de nativos, de indígenas e de autóctones, estes últimos assinalados pelo cheiro mais ou menos forte da terra de que saem. Em certas províncias da Europa, "nação" logo se põe a caminhar com "nacionalidade". Como se trata de um dado semântico da maior importância no imaginário mais partilhado do nacional, convém recordar que a palavra nação, desde o século XVI, significa uma comunidade de origem, de língua e de cultura.

Nascimento evoca "natureza", o que vai dar, no Antigo Regime de longa duração, em "naturalidade", a qual se solicita e se outorga em cartas como aquelas ditas "patentes" ou "de legitimação", quando se trata de adquirir a "naturalidade" de um nativo em tal terra, senhoria ou reino.[15]

---

[14] Dois livros essenciais, de Gérard Noiriel: *La tyranie du national: le droit d'asile en Europe, 1793-1993*. Paris: Calmann-Lévy, 1991, e *État, nation et immigration* [2001]. Paris: Gallimard, 2005. (Folio Histoire).
[15] Ver SAHLINS, Peter. La nationalité avant la lettre. *Annales HSS*, n. 5, p. 1081-1108, sept.-oct. 2000.

Uma comunidade de que se partilham os costumes, a língua, e mesmo os sentimentos, é o que o historiador Jules Michelet, em seu *Tableau de la France,* de 1832, chama ainda de uma "nacionalidade". Com a coloração fraternal e aberta de que se lembra, no Quartier latin, o "Collège des Trois Nations", transformado em "Hospedaria".

Sempre na Europa, é no século XVIII que a nação, aquela do nascimento indígena e da brava nacionalidade de costumes, começa a se enunciar como pessoa jurídica, fundada sobre um conjunto de indivíduos. A virada radical ocorre em 23 de julho de 1789, quando a *Nação* se encarna no Terceiro Estado, com a grande ideia revolucionária de um Povo formado de homens livres, um Povo que quer e pode decidir soberanamente sobre o "Bem comum". Com o *Terceiro Estado* e o *Povo*, entram no conceito de Nação muitos sentimentos e paixões inseparáveis do "Canto da Terra" e do "princípio espiritual" que marcarão tão profundamente a iminente exigência identitária do "nacional".

Michelet, Renan

Mais e melhor que outros historiadores, Gérard Noiriel mostrou o quanto, ao longo do século em que se modelam as ideias de nação, de nacionalidade e de identidade nacional, os pensamentos e as escolhas de Jules Michelet e de Ernest Renan se orientavam em vias diferentes.[16]

Para o primeiro, por volta de 1830, a nacionalidade, com sua rica textura de costumes, de língua e de sentimento, se inscreve na visão de uma solidariedade universal que afirma em termos cosmopolitas o direito de cada povo a ter suas próprias tradições culturais e históricas. Para o segundo, que sofreu o choque de 1870, com a derrota da França diante da Prússia, a nação redefinida face ao inimigo – estamos em 1882 –, se apresenta como um "princípio espiritual". Um "princípio espiritual" que "necessita de duas coisas" que não fazem mais do que uma: "uma é a posse em comum de um rico *legado* de lembranças; a outra é o consentimento atual, o

---

[16] NOIRIEL. *État, nation et immigration*, p. 137-145.

desejo de viver junto, a vontade de continuar a fazer valer a *herança* que se recebeu indivisa". Da conferência de Renan, "Qu'est-ce qu'une nation?",[17] logo transformada em monumento nacional, reteve-se sobretudo a fórmula: "Ela [a nação] é um plebiscito de todos os dias." Ao passo que, os termos que sublinhei o indicam e Noiriel tem razão em insistir nisso, a nação de depois de 1870 afirma fundar-se na identidade entre os Franceses do passado e os do presente, entre os mortos da França e os que vivem sobre a mesma terra. O "plebiscito de todos os dias" defendido por Renan "concerne apenas àqueles que têm um passado comum, ou seja, aqueles que têm as mesmas raízes". Alguns anos mais tarde, em 1899, a conferência programática de Maurice Barrès "La terre et les morts" consagra o advento de um nacionalismo especificamente francês[18] onde deitará raiz a identidade nacional de amanhã, que é primeiramente a de hoje (doc. 3).

---

[17] Publicada no Brasil como "Que é uma nação?". Tradução de Samuel Titan Jr. *Plural*, São Paulo, v. 4, n. 1, p. 154-175, 1º sem. 1997. (N.T.)

[18] Uma reflexão crítica, que não acredita indispensável produzir uma "teoria do nacionalismo": BIRNBAUM, Pierre. Dimensions du nationalisme. In: BIRNBAUM, Pierre (Dir.). *Sociologie des nationalismes*. Paris: PUF, 1997. p. 1-33.

CAPÍTULO III

A dívida para com os mortos

No mesmo rincão da Europa escolhido para ver crescer uma "identidade nacional", uma série de práticas administrativas e de procedimentos legislativos relativos à identificação parece acompanhar por um bom decênio a produção de um conjunto de representações e de discursos públicos sobre a nação e a pátria. A conferência de Ernest Renan "Qu'est-ce qu'une nation?", pronunciada em 1882, precede em alguns anos a lei sobre a nacionalidade de 1889, ela própria sublinhada pela circular sobre "os *estrangeiros suspeitos* do ponto de vista *nacional*", redigida em 1893 à sombra de Bertillon e de suas impressões digitais.[19] Enquanto, em 1892, Ernest Lavisse inaugura o vasto empreendimento da *Histoire de France*, cuja primeira publicação aparecerá entre 1903 e 1911, e Maurice Barrès, em 1899, perguntando-se "sobre que realidades fundar a consciência francesa", redige para a "Ligue de la Patrie française" seu discurso programático *La terre et les morts*.[20] Todo um imaginário poderoso entra em cena enquanto os serviços de polícia se afainam em preparar o encarteiramento dos estrangeiros, num primeiro momento, e a seguir o dos cidadãos de todo o território nacional.

---

[19] Textos e documentos nos livros *La tyrannie du national* e *État, nation et immigration*, de Gérard Noiriel.
[20] BARRÈS, Maurice. *La terre et les morts: sur quelles réalités fonder la conscience française*. Paris: La Patrie Française, 1899. Opúsculo que seria reeditado como o foi a conferência de Ernest Renan. A ler: STERNHELL, Zeev. *Maurice Barrès et le nationalisme français* [1972]. Bruxelles: Complexe, 1985. Nova edição: Paris: Fayard, 2000 (Prefácio: "De l'historicisme au nationalisme de la terre et des morts").

Nação, uma ideia mística obscura

Aos olhos dos contemporâneos, estão aí acontecimentos descontínuos e sem relação necessária entre si. Se fazem sentido para nós que por vezes conhecemos a continuação, nada há de muito espantoso em constatar a perplexidade de um sociólogo diante do objeto "nação" proposto à sua reflexão nos primeiros anos do século XX. Em 1905, por ocasião das "conversas livres da União pela Verdade", Paul Desjardins convida Émile Durkheim, o fundador da sociologia na França, para debater com historiadores e geógrafos como Vidal de La Blache sobre o sentido de "nacionalismo" e "patriotismo". Após ter recordado sua convicção metodológica de que, para comparar grupos humanos, é preciso ver quais são aqueles que se assemelham e entram "no mesmo gênero", e quais são aqueles que diferem, Durkheim atribui espontaneamente um lugar central à França: não é ela ao mesmo tempo Estado e "nacionalidade", entendida como "comunidade de civilização", e portanto "nação"? Uma "nação" que não é como as outras: "*Só nós* fizemos a Revolução francesa; só nós recebemos uma certa educação racionalista, e além disso há o fato de que a França se centralizou mais cedo do que as outras nações".[21]

Certamente é difícil, após 1870, negar ao Estado alemão o estatuto de nação, mas o seu mal-estar aparece claramente quando Durkheim assinala, um pouco mais adiante: "O conceito de nação é uma *ideia mística obscura*.[22] Com efeito, dizer de um objeto que ele é 'nacional', é concebê-lo como *único* e *excluir a comparação*".[23] Para Durkheim, que se tornará durante a Primeira Guerra mundial o Educador da Nação, o nacional não é então mais do que o incomparável objeto de um obscuro desejo de "pátria", uma pátria cujo essencial é constituído pela "comunidade de lembranças históricas" urdida por um "laço de sentimento", um laço afetivo tão

---

[21] DURKHEIM, Émile. *Textes*. Paris: Minuit, 1975. v. 3. p. 178-186 ("Débat sur le nationalisme et le patriotisme", 1905).

[22] Eu sublinho.

[23] DURKHEIM. *Textes*, v. 1, p. 148 (ainda sou eu que sublinho). Já apontado por NOIRIEL, Gérard. La question nationale comme objet de l'histoire sociale. *Genèses*, n. 4, p. 78-79, mai 1991.

forte que ela representa, essa pátria, "o máximo de individuação da vida social". Essas "personalidades nacionais", sobre as quais declara que quanto mais "acentuadas", mais suas relações são pacíficas, aparecem em Durkheim livres de qualquer referência a Renan, a Barrès, aos historiadores oficiais da França, da Alemanha, e também às práticas policiais e administrativas que davam nascimento à identidade nacional "em papéis", na Alemanha e na França, havia pelo menos duas décadas.

Evocando uma "comunidade de lembranças históricas" e o laço afetivo que se forma na ideia de pátria, Durkheim convida a pensar que uma nação, por menos claro que seja seu conceito, precisa de um passado, e que ela pode se alimentar daquilo que alguns de seus contemporâneos chamam de um "ensino de história". Os historiadores da França não esperaram a instituição na Universidade de uma "ciência da história" para "ressuscitar" o passado, em sua vida integral e com toda a força de uma "alma nacional".

Escrever para reaquecer os mortos

Por volta de 1840, Jules Michelet decide escrever "em nome dos mortos" criando uma história do gênero humano e da França. Dá, assim, ao imaginário dominante do século XIX seu grande relato: há uma ligação primordial entre os vivos e os mortos, uma ligação estabelecida nos começos da humanidade pela ereção de túmulos.[24]

Em todo Ocidente cristão, é uma sorte de crença comum, por mais estranha, por mais exótica que deva aparecer aos olhos de outras sociedades informadas dela tardiamente, sem dúvida. Compreender sua certeza no século XIX deveria permitir identificar um ou outro traço de uma "singularidade", e aferir a medida dos efeitos de uma escolha historiadora ou historiográfica que se apoia tão firmemente sobre o "primordial".

As fórmulas de Michelet se sustentam no mais alto voo, na aurora de uma história que se embriaga em captar o passado como aquilo que foi uma espécie de presente realizado. "Estar em comércio íntimo

---

[24] MICHELET, Jules. *La cité des vivants et des morts: préfaces et introductions.* Apresentados por Claude Lefort. Paris: Belin, 2002. p. 397.

com os mortos ressuscitados, quem sabe? ser enfim um deles".[25] E "reaquecer cadáveres frios". História "ressurreicionista", sua força é "passar e repassar através dos mortos" que é preciso tratar como próximos. "Assim se faz uma família, uma cidade comum entre os mortos e os vivos."[26] A história nasce endividada, o historiador está em dívida com os mortos. Ele assume uma magistratura dos túmulos, é o "tutor e o protetor dos mortos". Pois "cada morto deixa um pequeno bem, sua memória, e pede para que cuidemos dela". Estamos em 1872, e Michelet já o compreende: "Um dos fatos mais graves de hoje, e dos menos notados, é que *o andamento do tempo* mudou. Ele dobrou o passo de uma maneira estranha".[27] Segunda observação, que aponta para aquele que trouxe "a morte em massa", e aos milhões: Napoleão – "Nunca a morte teve tamanhos triunfos sobre o globo".[28]

A terra, os mortos, a consciência francesa

No dia 10 de março de 1899, Maurice Barrès se dirige solenemente aos historiadores, aos estudiosos, aos grandes letrados da França para lhes dizer "sobre quais realidades fundar a consciência francesa", uma consciência nacional, uma consciência histórica.

Esse jovem, tão caro a Michelet, como dizia Paul Bourget, quer fazer escutar a "voz dos Ancestrais", a "lição da Terra". Os mortos vivem em nós: "A alma que habita hoje em mim é feita de milhares de mortos." Os mortos, em primeiro lugar. Barrès recorre a um historiador das religiões, Louis Ménard, que, olhando os gestos simples de uma família de luto, nos mostra "como uma religião começa": com o culto dos mortos. Uma pátria é fundada sobre os mortos e sobre a terra. A "pátria francesa" e "sua consciência nacional" se originam na terra da França: "A terra nos dá uma disciplina, e somos o prolongamento dos ancestrais. Aí está a realidade sobre a qual devemos nos fundar".[29]

---

[25] MICHELET. *La cité des vivants et des morts*, p. 9.
[26] MICHELET. *La cité des vivants et des morts*, p. 63.
[27] MICHELET. *La cité des vivants et des morts*, p. 444.
[28] MICHELET. *La cité des vivants et des morts*, p. 55-56; 444.
[29] BARRÈS. *La terre et les morts*, p. 20-21.

Há algo de sagrado na terra e nas profundezas dos grandes cemitérios: "Encontrei uma disciplina nos cemitérios onde nossos predecessores divagavam." A "pátria francesa" tem o dever de convencer os "professores" a "julgar as coisas como *historiadores*[30] mais do que como metafísicos". É a eles que cabe "esse grande ensino nacional *pela terra e pelos mortos*".[31]

O enraizado, nascido de seus mortos

Desde os anos marcados pelo que Barrès chama de "o Caso inominável" – tradução: o caso Dreyfus –, a França se tornou um "campo de batalha onde um Francês *nascido de sua terra e de seus mortos* deve aceitar o desafio dos naturalizados e dos estrangeiros".[32] Os mortos em nome dos quais Michelet dizia escrever a história não precisavam, quanto a eles, provar que tinham realmente nascido da terra da França. "Ser uma árvore consciente, total, harmoniosa, uma vida submetida à terra, à operação profunda das raízes obscuras": O Francês *enraizado* de Barrès traz por muito tempo ao mistério da nação a sombra inquietante de uma vasta folhagem persistente.[33] Para fundar uma nação, "é preciso um cemitério e um ensino de história": a fórmula de Barrès é fácil de memorizar. Breve e forte, como a divisa "A terra e os mortos". Do ensino de história, Ernest Lavisse cuidou desde 1892, já o recordei,[34] e não cessará de assumir essa alta responsabilidade, especialmente no ensino "primário", com os manuais de *História da França* que formaram o sentimento nacional, instituíram a educação moral e fortaleceram o culto da pátria, para além mesmo de todas as expectativas. Quanto aos cemitérios, eles fazem parte dessas "realidades" sobre as quais Maurice Barrès

---

[30] Eu sublinho.
[31] É Barrès quem sublinha desta vez.
[32] Todos esses textos de Barrès, e muitos outros ainda, são citados e analisados por THIBAUDET, Albert. *Trente ans de vie française, II: La vie de Maurice Barrès*. Paris: Gallimard, 1921. p. 87-143, assim como por STERNHELL. *Maurice Barrès et le nationalisme français*. Em *Comment être autochtone*, p. 128-134, tomei o cuidado de evocar a "Grandeza do Francês enraizado" entre Barrès, Le Pen e Braudel.
[33] Ver THIBAUDET. *Trente ans de vie française, II*, p. 127.
[34] DETIENNE. *Comment être autochtone*, p. 130-131.

pretendia fundar "a consciência francesa" para a pátria francesa. Eles têm também uma história de bela duração cuja singularidade, ao mesmo tempo teológica e religiosa, provém inteiramente do poder da Igreja católica e romana, sempre no Ocidente, entenda-se.

Cemitério cristão sobre a base da Igreja de Roma

Os vivos e os mortos, em todas as sociedades humanas, são levados a coabitar, ainda que apenas o tempo de escolher como tratar um cadáver: abandoná-lo ali mesmo, entregá-lo ao fogo, recobri-lo de terra ou comê-lo em família. Um corpo privado de vida, uma "pessoa" que se torna uma coisa em decomposição parece exigir o mais das vezes um tratamento específico, ainda mais atento pelo fato de que, nas representações da sociedade concernida, o corpo-objeto foi e deve ser o suporte de uma série complexa de entidades sobrenaturais: almas, espíritos, ancestrais, duplos, deuses ou gênios. No Ocidente cristão, entre o século XI e o XII de nossa era, a Igreja de Roma empreende a sagração de uma porção de terra, batizada cemitério, em volta desses lugares de culto já consagrados por um altar.[35] Num movimento de conquista, ela impõe progressivamente o caráter religioso do espaço funerário coletivo. Em conformidade com os livros pontificais, o bispo deve consagrar solenemente o espaço cemiterial reservado à paróquia, ali onde são postos na terra os corpos dos cristãos batizados. O cemitério cristão se torna o lugar protegido e reservado onde repousam juntos todos os membros da comunidade paroquial, estritamente separados dos "estrangeiros".[36] Os corpos dos judeus, dos infiéis e dos maus cristãos não devem macular a terra consagrada, o território onde o "sagrado" foi enraizado através de percursos rituais repetidos em volta das sepulturas à sombra das igrejas.

Muitos teólogos de então escrevem explicitamente que os defuntos da comunidade cristã repousam assim no "seio" da Igreja Mãe, em cujo "ventre-útero" tinham nascido para a graça pelo

---

[35] Essa história foi escrita por LAUWERS, Michel. *Naissance du cimetière: lieux sacrés et terre des morts dans l'Occident médiéval.* Paris: Aubier, 2005.
[36] LAUWERS. *Naissance du cimetière*, p. 166.

sacramento do batismo.[37] Criando o cemitério como instituição religiosa, o catolicismo romano difunde numa grande parte da Europa, entre o século XII e o XIX, a representação da Igreja como uma "sociedade espiritual formada pelos vivos e pelos mortos".[38] Talvez seja preciso escutar, nos cemitérios de Barrès e dos historiadores convidados a ensinar, um eco dos laços espirituais tecidos como sempre entre a terra dos vivos e a dos mortos na tradição católica da França. Mortos convocados a se tornarem ainda mais sagrados uma vez que as hecatombes da Grande Guerra de 14-18, após a de 1870, fizeram nascer o povo imenso daqueles que "morreram pela pátria".

O imaginário religioso do cristianismo seguramente não foi estranho ao sentimento profundo de uma "dívida para com os mortos", experimentado e escrito por historiadores e filósofos na segunda metade do século XX. Dois dentre eles contribuíram particularmente para tanto.

Michel de Certeau, em primeiro lugar, que se confessa endividado para com Michelet, "terno... com todos os mortos", decide pensar a historiografia como uma conversa com o mundo dos mortos, um longo comércio com as sombras que o historiador, após tê-las evocado, reconduz a seus túmulos: "Ele as honra com um ritual que lhes faltava." A história moderna ocidental, aquela que começa com "a diferença entre o passado e o presente", recebeu a missão de "acalmar os mortos que assombram ainda o presente e de lhes oferecer túmulos escriturários". Há aí uma "singularidade ocidental": para todo historiador, "escrever é reencontrar a morte que habita este lugar, manifestá-la através de uma representação das relações do presente com seu outro...".[39]

Escritura, sepultura: a história enraíza

Por certo, o cemitério cristão do Ocidente, tal qual, nunca é posto em cena para a realização do serviço fúnebre da historiografia,

---

[37] LAUWERS. *Naissance du cimetière*, p. 117-118.
[38] LAUWERS. *Naissance du cimetière*, p. 270.
[39] DE CERTEAU, Michel. *L'écriture de l'histoire*. Paris: Gallimard, 1975. p. 7-10. Publicado no Brasil como *A escrita da história*. Tradução de Maria de Lourdes Menezes. Rio de Janeiro: Forense-Universitária, 1982.

não mais do que a alta figura daquela que se dá como a "sociedade espiritual formada pelos vivos e pelos mortos". Não obstante, eles constituem o fundo, a tela de fundo sobre a qual a escritura – "no sentido etnológico e quase religioso do termo" – "desempenha o papel de um rito de enterro... exorciza a morte introduzindo-a no discurso... constrói um túmulo para a morte".[40] Historiador, jesuíta e apaixonado pelas grandes viagens, Michel de Certeau cedeu a outros a tarefa de celebrar a França como a "terra que pela memória e pela presença dos mortos se aprofunda em história",[41] mas logo encontrou num filósofo da historiografia um eco amplificado de sua dívida para com os mortos.

Numa série de textos e de entrevistas, Paul Ricœur disse e repetiu que "a história tem a seu cargo os mortos de ontem de que somos os herdeiros".[42] Se muitos historiadores, de Lucien Febvre a Jacques Le Goff, concordam em reconhecer que a história é uma reconstituição das sociedades e dos seres humanos de outrora por homens e para homens engajados na rede das realidades humanas de hoje, o tom muda com o "somos os herdeiros" dos mortos de ontem (doc. 4). De Ernest Renan a Fernand Braudel, repete-se que os mortos sob os pés dos vivos são vinte vezes mais numerosos, que eles "permanecem presentes", que constituem "a enorme herança viva da pré-história", da pré-história da França, sem dúvida alguma.[43]

Na Europa sem fronteiras que se constrói sob nossos olhos, não há província, não há nação que não se deixe encantar por aquelas ou aqueles que recordam que "os ancestrais fizeram de nós o que somos". Do "somos os *herdeiros*" dos mortos de ontem, passa-se com Ricœur – nascido em 1913, de um pai morto na guerra "pela

---

[40] DE CERTEAU. *L'écriture de l'histoire*, p. 118.
[41] DUPRONT, Alphonse. Du sentiment national. In: FRANÇOIS, Michel (Dir.). *La France et les Français*. Paris: Gallimard, 1972. p. 1467-1468. (Encyclopédie de la Pléiade).
[42] RICŒUR, Paul. *La mémoire, l'histoire, l'oubli*. Paris: Seuil, 2000. p. 648-649. Publicado no Brasil como *A memória, a história, o esquecimento*. Tradução de Alain François. Campinas: Editora da Unicamp, 2007.
[43] BRAUDEL, Fernand. *L'identité de la France* [1986]. Paris: Flammarion, 1990. 3 v. (republicado em um volume, na coleção Mille & Une Pages, 2000), p. 389, 395, 445 (Publicado no Brasil como *A Identidade da França*. Tradução de Lygia Araújo Watanabe. Rio de Janeiro: Globo, 1989. 2 v. Mais longamente apreciado em DETIENNE. *Comment être autochtone*, p. 138-143.

França" – à afirmação de que *nós, historiadores*, estamos em dívida. Uma dívida para com os mortos. "Há um trabalho, em nós, no trabalho de escritura, que tem mais de uma relação com aquele da sepultura."[44] Uma crença cristã que Ricœur, como protestante fervoroso, professa além daquela, mais neutra, na existência e na realidade do "passado". Evidentemente, nem todos os historiadores se reconhecem nessa profissão de fé, mesmo se são raros os discursos críticos a uma tradição vinda de Jules Michelet, aquele que, notava um Observador do Homem na América, ensinara "aos mortos que eles eram franceses".[45]

Dizer e redizer aos historiadores, com a autoridade do filósofo da "operação historiográfica", que eles são, enquanto herdeiros, aqueles através de quem "o passado se perpetua no presente e, assim, o afeta", é marcar o caráter "sagrado" do laço que eles têm a cargo estabelecer com as coisas ausentes, é dar a pensar que a dívida engaja a um dever de memória para com os mortos. Mortos que são, desde Renan, *nossos* mortos, no coração da herança nacional, no espírito e no discurso de muitos.

Se o senso comum faz seu mel de evidências escorrer do seio materno, como teria dito Sully Prudhomme, é tempo de se perguntar se um tal ensino de história e de sua filosofia não conduziria certos espíritos fortes a proclamar, um dia desses, a nação França "incomparável".

Os antropólogos, creio já tê-lo dito, se sentem muitas vezes os parentes pobres das ciências humanas e, na Europa mais do que em qualquer outro lugar, gostam de saudar com deferência a nobreza de sangue da História-*ex-cathedra*, se porventura uma calçada ou um corredor faz com que se cruzem. É verdade que um etnólogo, no Hexágono ou no Pentágono também, é raramente levado a ostentar, numa atividade, seu pertencimento a alguma coisa como "uma comunidade de raça e de lembranças [...] em que o homem da França desabrocha, sabendo que pertence a ela por suas raízes,

---

[44] RICŒUR. Paul Ricœur raconte "La mémoire heureuse", p. 7.
[45] ANDERSON, Benedict. *L'imaginaire national* [1983]. Tradução de P.-E. Dauzat. Paris: La Découverte, 1996. p. 199.

seus mortos, o passado, a hereditariedade, a herança"[46] (doc. 5). O saber que ele escolheu cultivar lhe oferece a liberdade de colocar em perspectiva sociedades e culturas afastadas ou próximas, assim como de lançar um olhar crítico sobre sua própria sociedade, suas crenças íntimas, suas tradições de ontem e de hoje.

A dívida, a terra, os mortos: colocação em perspectiva

Confrontar, colocar em perspectiva, fazer comparatismo no imenso terreno descoberto pela variabilidade das culturas, é necessariamente estar em movimento, deslocar-se continuamente, querer ir ao mais distante para voltar ao mais próximo tantas vezes quanto a vitalidade e a energia intelectual o permitirem. O antropólogo que tivesse ficado impressionado pelas diferenças entre a "pessoa" delimitada pelo direito canônico e o ser polimorfo na Índia da "ilusão criadora", que torna tão improvável a representação de um agente fonte de seus atos, esse antropólogo deveria se perguntar imediatamente o que "a terra e os mortos" pode querer dizer no mundo védico onde os mortos são entregues à chama das piras e onde a terra, ele poderia ficar sabendo, é considerada como uma perfeita lixeira.

Quem quer apreciar o sabor do que se chama "a dívida para com os mortos", uma maneira regional de escrever, de fazer história, deve primeiro se despojar de uma de suas crenças elementares, inoculadas na escola primária desde Fustel de Coulanges e Ernest Lavisse: o culto dos mortos nasce com a família e com a propriedade da terra, e a religião dos ancestrais apareceu na aurora de nossa história, que "começa com os gregos", como convém ensinar desde a mais tenra idade.

O Extremo Oriente do Japão descobre um primeiro deslocamento: uma insularidade oferecida pelos deuses autóctones, uma aversão profunda pela mácula dos mortos, um tempo linear sem descontinuidade como a linhagem imperial. Na tradição mitológica,

---

[46] Como o diz belamente o Manifesto do *Front national*.

os deuses autóctones e selvagens reinavam sobre a região antes de serem submetidos pelos deuses do céu, genitores das ilhas e do arquipélago, mas que, tornados soberanos sobre a terra, veem sua imortalidade se desfazer pouco a pouco. Japonizantes falaram de uma "criação contínua": o mundo rebrota como cana, se regenera e, para acompanhar sua renovação, parece piedoso ajudá-lo *restaurando* os templos e os santuários.[47] No horizonte de uma continuidade tão regular quanto os ciclos sazonais, o Estado do século VII, que edifica as primeiras capitais, faz tábula rasa das antigas sepulturas. A tal ponto que, no século XVIII, quando vem o tempo dos "Estudos nacionais", letrados e arqueólogos colocam-se em busca dos "túmulos imperiais" de outrora, frequentemente abandonados, deixados em deserdamento ritual uma vez que o budismo logo se encarregou dos mortos e de seu além. Uma geografia de letrados buscou remediar o longo silêncio dos lugares, ao mesmo tempo em que um meio de historiadores preparava o advento intelectual do shintô de Meiji (1852-1912) e sua modernidade perturbadora. Provando que se pode ao mesmo tempo renegar o passado recente e se reconhecer numa história ancorada na linhagem do primeiro imperador de um solo sagrado. A "vontade de autoctonia", como diz François Macé, habita a identidade nacional.

O Japão dá a si mesmo uma história que apela a um exército de arqueólogos, estabelecendo ao mesmo tempo sua singularidade, afastada daquilo que a historiografia ocidental decidiu chamar de "a dívida para com os mortos".[48]

De que "dívida" se trata, com efeito? Na Índia bramânica, desde seu nascimento, o ser vivo é "uma dívida de que os *Mânes* são os credores juntamente com os deuses". O culto dos ancestrais mortos parece ser o ato religioso mais importante. De fato, a sociedade

---

[47] Ver CAILLET, Laurence; BEILLEVAIRE, Patrick. Japon, la création continuée. In: DETIENNE, Marcel (Dir.). *Tracés de fondation*. Louvain-Paris: Peeters, 1990. p. 19-29.
[48] MACÉ, François. De l'inscription de l'histoire nationale dans le sol: à la recherche des tombes impériales à partir de la seconde moitié d'Edo. *Japon pluriel*, n. 3, p. 173-179, 1999; MACÉ, François. Le *shintô* désenchanteur. *Cipango*, p. 7-70, 2002. Número especial, "Mutations de la conscience dans le Japon moderne".

bramânica elaborou uma estratégia perfeita para se desembaraçar dos cadáveres, para introduzir os mortos na comunidade dos Mânes transformando seus corpos em vítimas sacrificiais e abolindo ao mesmo tempo a lembrança da "pessoa" dos mortos. Mesmo se o ser vivo pertence a uma linhagem, os ancestrais a que presta um culto, aliás discreto, não superam jamais três classes, uma pequena totalidade cujos membros estão votados a cair em dessuetude, sem nenhum barulho. Fiel a um ponto de vista comparatista, Charles Malamoud observa que os mortos indianos, tão definhados e sem espaço próprio, partiram para não mais voltar. Que "consciência histórica" poderia se edificar sobre tais ancestrais, numa sociedade tão indiferente à memória dos acontecimentos quanto atenta ao caráter imutável do presente?[49]

Como tratar os mortos? Como tratar a terra? Na Austrália, já evoquei isso, a Suprema Corte se debruça sobre a questão, asperamente debatida: o laço com a terra, se é de tipo "religioso", como sustentam os aborígenes, e não de "propriedade" no sentido anglo-saxão, é ainda um *laço*? Excelente questão para ir a Israel, como comparatista curioso. O Estado é pequeno e recente, mas o laboratório que oferece ao experimentador é um dos mais bem equipados do mundo. Ali foram feitas – pelos "indígenas" – tantas experiências, e as mais recentes estão em curso para o mais seguro proveito dos Observadores do Homem. Entre a Bíblia e o presente de Israel, a terra é o elemento de condensação mais ativo nas mitideologias do mundo judeu.

O Judeu de cepa, na Terra santa

Como tratar os mortos, como tratar a terra, em Israel, desde seus começos nômades com Abraão da Caldeia, as ambiguidades de uma "Terra prometida" – Mas a que preço? –, o novo Judeu palestino que se diz hebreu e não quer mais se lembrar do exílio ou

---

[49] MALAMOUD, Charles. Les morts sans visage: remarques sur l'idéologie funéraire dans le brahmanisme. In: GNOLI, Gherardo; VERNANT, Jean-Pierre (Dir.). *La mort, les morts dans les sociétés anciennes*. Cambridge: Cambridge University Press, 1977. p. 441-453.

ainda os virtuosos ortodoxos que vivem o Exílio em Terra santa à espera da Redenção? Há aí um terreno de exceção, pois foi em Israel que a história crítica contemporânea conduziu a investigação sem arrego, a golpes de buldôzers, dinamite e escavadoras para pôr a nu os mitos criados, há nem bem meio século, em torno das "raízes" do Estado judaico, desde o *Yichouv*, o Estado judaico em gestação.

A obra excelente de Attias e Benbassa, *Israël, la terre et le sacré*,[50] expõe a riqueza das versões elaboradas ao longo de três milênios ou quase em torno de uma questão maior para os antropólogos, historiadores e filósofos: "O que é um lugar?". Reterei algumas imagens contrastantes sem me deter em suas configurações em contexto.

Em primeiro lugar, na Bíblia, aquela dos nômades, daqueles que se lançam à estrada, pascem no deserto ou no lugar dos outros, a terra se compra, um pedacinho aqui, um pedacinho ali, para um túmulo, um altar ou a tenda de Jacob. O deusinho colérico e possessivo da tribo resiste a se tornar o deus de um lugar santo. Pretende permanecer o residente de uma Arca móvel que recusa o enraizamento, insiste em habitar um pavilhão de tecido e de peles, mas já exalta o *sagrado*, o sagrado que exclui. No Antigo Testamento, a única porção de chão dita "Terra santa" está situada *no fundo do deserto*, num arbusto ardente, lá onde se manifesta a presença visível do deus de Israel.

Outra imagem forte para comparar: a Terra prometida é uma terra já ocupada, e por outros Eleitos indignos que ela vomitou, pois eles a macularam. O deus da Aliança logo se porá a gritar para os novos locatários: "A terra é minha, vocês não são mais do que estrangeiros domiciliados em minha casa." Um deus logo "sem terra", aquele do Livro, desterritorializado por tanto tempo pela diáspora do judaísmo. Ensina-se nas escolas de Israel que a Palestina esteve sob dominação árabe-muçulmana de 634 a 1099 – quase cinco séculos? Não, e, com toda verossimilhança, tampouco se pode aprender ali como se inventam lugares designados como "Lugares santos" e através de que práticas, que representações míticas, recentemente e ainda

---

[50] ATTIAS, Jean-Cristophe; BENBASSA, Esther. *Israël, la terre et le sacré* [1998]. Paris: Flammarion, 2001. *passim.*

hoje, sem esquecer o papel da arqueologia de apoio ao nacional, ali e em alguns outros terrenos de escavações onde se deseja enraizar uma autoctonia escolhida.

Em Israel, depois dos Seis-Dias, uma nova mitideologia da terra começa a crescer, a dos nativos (os *sabra*, derivado do árabe "cacto"): o Judeu hebraico, mestiçado com um Beduíno imaginário. Elogio do Beduíno e negação do Árabe; os historiadores sionistas dos anos 1930 a 1935 tinham começado o trabalho e mostrado a unicidade de uma nação sobre o solo da terra de Israel (*e lá não são os mortos que enraízam*), eles o tinham feito afirmando que o traço mais específico de Israel é uma *consciência histórica particular*. A historicidade, chegaremos a isso, é uma componente forte da identidade nacional, em seu mistério.

Na "cidade antiga", mortos tão leves

Ontem como hoje, de Michelet a Braudel, por exemplo, os historiadores partilham crenças que batizam de convicções, e que delimitam por algum tempo a natureza de suas questões e a orientação de seus trabalhos. Posto que eles são comumente investidos do cargo de "Guardiães da Tradição" nas sociedades europeias, os helenistas historiadores contribuíram para fazer crer que, da Antiguidade a nossos dias, uma mesma corrente religiosa irriga a família, a propriedade da terra e os mortos.[51] Ao mesmo tempo que Fustel e seus epígonos na França, Erwin Rohde, na Alemanha, afirmava com autoridade que o culto familiar dos mortos constitui uma das raízes mais antigas de *toda* religião. A herança é tão rica para o senso comum que não há a mínima necessidade de fornecer provas textuais, o que facilita muito as coisas já que não as há para o período entre o século VIII e o V antes de nossa era. É, no entanto, ao longo desses três séculos que dezenas de cidades novas são fundadas por Gregos na Itália do Sul, na Sicília e nas costas do mar Negro. Aqueles que partem, em grupos de quinhentos ou mil, para as terras novas, não levam em seus navios nem os sarcófagos nem as cinzas de seus

---

[51] Georges Dumézil escreveu uma crítica justa e elegante de *La cité antique*, numa reedição, publicada por Albatros/Valmonde Éditeur (Paris, 1982, p. 7-30).

mortos. Ocorre que na Grécia, continental ou não, os mortos são *leves*, não servem para enraizar. As cidadezinhas, recém-implantadas, vão dar a si mesmas, na geração seguinte, um culto de tipo político: o de seu Fundador, heroizado após sua morte, mas despojado de suas ligações familiares.[52] Quanto aos mortos "em geral", as cidades preferem honrá-los coletivamente numa festa anual, como aquela dita "Genésias" em que os vivos comemoram anonimamente os desaparecidos. É a festa dos mortos, dos mortos que são evocados, nesse dia, como "aqueles que nasceram outrora",[53] mais do que como ancestrais, entre os quais, por vezes, alguns se revelam impacientes para pesar com todo seu peso sobre os vivos.

Não é tarde demais para fazer saber que, se se quer motivar a crença de que "Temos uma dívida para com os mortos", não é aos antigos Gregos que é preciso se dirigir.

---

[52] Ver DETIENNE, Marcel. *Apollon le couteau à la main* [1998]. Paris: Gallimard, 2009. (Coll. Tel). p. 110-114.
[53] GEORGOUDI, Stella. Commémoration et célébration des morts dans les cités grecques: les rites annuels. In: GIGNOUX, Philippe (Dir.). *La commémoration*. Louvain-Paris: Peeters, 1988. p. 73-89.

CAPÍTULO IV

Ficções de historicidade

Contemplando as águas negras do mistério que se esconde na identidade nacional, encontramos a profissão de uma "dívida para com os mortos" e sua ancoragem no cemitério cristão de um tempo e de um lugar, tão exótico para o olhar de sociedades próximas ou afastadas. As mesmas águas nos arrastam agora ao país daqueles que, um belo dia, se puseram a crer com fervor na natureza histórica de sua existência. Não há, ao que parece, nenhum encadeamento necessário entre prestar um culto aos mortos e pensar como os herdeiros de ancestrais que falariam através deles. Entretanto, é uma escolha possível. Alguns a fizeram ou a farão, sejam filósofos, letrados, historiosos, sejam simples mortais, afainando-se aqui e ali para se fabricarem uma representação do passado, para reconhecerem a si mesmos uma "consciência histórica", para crerem mesmo que a história de suas vidas e de suas ações deve ter um sentido, marcado pelo selo da Verdade absoluta. Se "nação" parece às vezes a alguns, como recordei, uma ideia mística obscura, por que outros, igualmente com tempo de sobra, não se poriam a observar as crenças e os costumes da parte da espécie humana convencida da onipotência da história e da historicidade?

Seria preciso ter a ironia e o coração seco de um Pai da Igreja como Agostinho de Hipona para zombar da profusão súbita dos pequenos deuses da historicidade, surgidos do solo de nossa história em alguns decênios do século XIX. Falando em pequenos deuses, eu poderia aludir às centenas de gênios da selva, na África do Oeste, ou aos milhares de pequenos espíritos, chamados *Kami*, ora de um grão de arroz, ora de uma montanha, no Japão antigo e contemporâneo. Prefiro evocar através de Agostinho de Cartago a cidade de Rômulo com seus doze séculos e seu politeísmo tão ativo em cultivar minúsculas entidades, ligadas ao instante de um único gesto ou de um acontecimento insólito. Tal o delicioso *Vaticanus*, único com a habilidade de abrir a boca do recém-nascido para seus primeiros vagidos, aguardando que a amável *Abeona,* par da prudente *Adeona,* leve e traga da escola a criança em idade de aprender.[54]

Os vagidos de um nascer-aí-na-história

Um politeísta precavido descobriria sem dificuldade em torno da História e aos pés da Historicidade uma multidão de micropotências: aquela que faz-ser-na-história, aquele do passado-em-si, do passado-separado-do-presente, aquela que produz-uma-história-de-si-mesma, aquele do ser-aí, do ser-aí-com-ou-sem-cuidado, aquele ou aquela da-longa-duração, aquele do tempo-que-muda-de-andamento, ou aquela da-singularidade. Um panteão frondoso de microcategorias, sobre as quais o mesmo espírito curioso descobriria, com a mesma facilidade, sem ter que mergulhar numa história da religião romana, que são representações conceituais e indígenas do tempo, na Europa ocidental, entre o século XIX e o XX de nossa era.

As sociedades cujo senso comum não deixou de se reconhecer nesse desvio em direção aos deuses plurais são suficientemente seguras de si para se proporem definições normativas do que significa a história. Uma delas me seduziu, ela parecia não se abrir sobre um banal canteiro da história-investigação. Bem entre as duas guerras, estranha temporada, no momento em que os filósofos da história se revoltam contra a ideia de que o homem, em sua natureza, é imutavelmente o mesmo, Johan Huizinga, um historiador da melancólica Idade Média, sugere à meia voz que a história é, em suma, "a forma intelectual como uma civilização presta contas a si mesma de seu

---

[54] DUMÉZIL, Georges. *La religion romaine archaïque*. Paris: Payot, 1966. p. 47. As "maneiras romanas de pensar a ação" de John Scheid (*Quand faire, c'est croire*. Paris: Aubier, 2005. p. 58-83) abriram excelentemente todo um jogo de questões que convidam ao trabalho comparatista.

próprio passado".⁵⁵ Havia aí uma maneira elegante de colocar sobre a mesa uma série de questões de bom quilate, quando se trata de pôr em perspectiva algumas das figuras da historicidade que subiram ao horizonte na primeira metade do século XX.⁵⁶

"Forma intelectual" convém para distinguir na penumbra a figura do historiador como tipo de homem, curioso, estudioso, especialista em coisas do passado, e que, segundo Johan Huizinga, pertence sem dúvida a uma sociedade que merece ser chamada "civilização".

"Prestar-se contas" parece remeter a um trabalho de si a si, já engajado na atividade de uma memória orlada de uma sorte de "consciência". Mas seria esta uma simples representação entre outras ou, como sugere a fórmula "forma intelectual", uma construção mais complexa? Huizinga seguramente tem na cabeça o "saber letrado" em marcha desde a metade do século precedente no mundo universitário que é o seu.

As cores outonais do passado

"Prestar contas a si mesma de seu próprio passado": o que isso quer dizer para uma "civilização"? Deixemos por enquanto de lado a reflexividade, conotada por "seu próprio" e "a si mesma". E quanto ao passado? Como pensá-lo, como representá-lo, que lugar lhe atribuir no tempo, o tempo dos homens, sem esquecer o da terra e da natureza? Do passado recém-passado, ultrapassado, parece possível ver as cores empalidecerem e a vida se esvaziar, ao menos para quem contraiu o hábito de se debruçar na janela sobre as coisas antigas, entre ontem e outrora. Mas o passado de uma civilização, confiado ao intelecto "historiador", onde começa? Que objetivação ele quer para se tornar objeto de saber ou mesmo de "ciência"? Não parece que todas as sociedades, nem *a fortiori* as ditas "civilizações", tenham desejado imaginar que o passado *é* ao mesmo tempo em que *foi*. No Ocidente, ao menos, um longo caminho parece ser requerido para

---

⁵⁵ HUIZINGA, Johan. A definition of the concept of history [1920]. In: KLIBANSKY, Raymond; PATON, H. (Dir.). *Philosophy and History*. New York: [s.n.], 1936. p. 1-10.
⁵⁶ Muitas dessas questões estão ainda sobre a mesa a partir do projeto de "colocar em perspectiva os regimes de historicidade", publicado num panfleto teórico: DETIENNE, *Comparer l'incomparable*, p. 61-80.

descobrir que o passado de um grupo é outra coisa que não o presente desse grupo, outra coisa que não uma parte evidente do grupo que a ele se refere, o fala, o habita, tira dele exemplos ou autoridade, tão desejável para mais de um. À primeira vista – pois, é preciso sabê-lo, esse gênero de investigação comparativa progride lentamente – poucas sociedades chegam a acreditar que o passado tem um interesse desse tipo, ou seja, e a fórmula é muito ocidental: *ter sido* e *ser*, o passado naquilo que ele tem de *mesmo* e no que ele tem de *outro*.

Quando interrogávamos o peso da dívida cristã para com os mortos na operação historiográfica do século XX na Europa, entrevimos que, com toda verossimilhança, algumas figuras da ancestralidade convidam mais do que outras a acreditar que o passado como tal pode ser interessante. Poderíamos igualmente sugerir que, para que o outro apareça no mesmo, é preciso que o passado tenha começado a ser separado do presente que o constitui. O advento do passado em si como categoria parece se fazer aproximadamente ao mesmo tempo que a escalada do nacional como conceito e de certas formas de "nacionalismo". Nessa perspectiva, o que vai se chamar o "historicismo" aparece como uma onda de febre em direção a uma individualidade, à singularidade irredutível de uma "consciência histórica" soldada à história de uma nação, necessariamente apreendida em si, como o passado.

A reflexividade, tão visível na definição de Huizinga – com o "presta contas a si mesma de seu próprio passado" –, indica a escolha historiográfica de uma civilização cujos filósofos e historiadores inclinam-se a considerar "em si" mais do que em suas relações eventualmente contrastivas com outras "civilizações" que poderiam ficar perplexas com a ideia, tão familiar no Ocidente, de "se apreender como um ser histórico na história", com uma "consciência histórica". Dois passos para o lado bastarão para fazer ver o que quer dizer uma "escolha historiográfica", uma maneira de pensar e de escrever "história", em suma.

Na China, os adivinhos-escribas

Um primeiro passo, para o Oriente, em seu extremo chinês, leva a reconhecer os contornos de uma imensa região da história com suas legiões de historiógrafos em fileiras cerradas. Os sinólogos nos ensinaram: a adivinhação e os sacrifícios são os dois dispositivos que geram os adivinhos-escribas, encarregados do registro de tudo o que é ritual. Os sinais, os vestígios em que os adivinhos são especialistas, nascem das operações sacrificiais e são registrados, "arquivados", nas "peças divinatórias" constituídas pelos omoplatas de bovídeos e pelos cascos de tartarugas (descobertos ontem e hoje pelos arqueólogos que se beneficiam de materiais muito mais duráveis do que os discos ditos duros de nossos escribas e arquivistas digitais), Batizados de "adivinhos", os primeiros autores dos *Annales* são os descendentes em linha direta do personagem chamado "escriba das adivinhações". Eles logo serão divididos entre historiadores da mão esquerda e historiadores da mão direita.

Os *"annalistes"*, inicialmente vinculados a cada casa senhorial, vão se tornar funcionários maiores da casa imperial.[57] Anotar diariamente os feitos e gestos do senhor e do príncipe, ao mesmo tempo suas declarações e todos os "acontecimentos" sobrevindos ao longo do reinado, eis a "operação historiográfica" conduzida durante vários milhares de anos por uma civilização ignorada por Aristóteles e Tito Lívio, naturalmente, mas também por Paul Ricœur e Reinhart Koselleck, para nomear apenas dois especialistas na matéria.[58]

Quem quisesse, por exemplo, tentar compreender o que pode ser a "consciência historiográfica" na China antiga em geral – antes de entrar em especificações – deveria estar atento a dois aspectos dessa forma de historicidade extremo-oriental. Por um lado, que a história *annalistique* dos Chineses é e permanecerá uma "questão de Estado" até o século XX; por outro, que o historiador, em sua qualidade de herdeiro do escriba-adivinho, está convidado a escrever os "acontecimentos" num texto que torne legível seu "sentido oculto". Em suma, e para indicar o interesse de uma abordagem

---

[57] A ler igualmente os trabalhos de Léon Vandermeersch e de Jean Levi, citados em DETIENNE. *Comparer l'incomparable*, p. 133.

[58] Fácil de verificar em KOSELLECK, Reinhart. *Le futur passé* [1979]. Tradução de J. e M.-C. Hoock. Paris: EHESS, 1990. (Publicado no Brasil como *Futuro passado: contribuição à semântica dos tempos históricos*. Tradução de Wilma Patrícia Maas e Carlos Almeida Pereira. Rio de Janeiro: Contraponto; Editora PUC-Rio, 2006.); KOSELLECK, Reinhart. *L'expérience de l'histoire* [1975-1997]. Tradução de A. Escudier. Paris: Seuil; Gallimard, 1997; (mesmo que os dois volumes sejam desprovidos de índex); RICŒUR. *La mémoire, l'histoire, l'oubli* (este, com bons *índex*).

comparativa, há aí uma escrita da história que visa essencialmente a elucidar a junção do Céu e da humanidade terrestre a fim de estabelecer o sentido verdadeiro de tudo aquilo que parece mudar na sequência dos "acontecimentos" colocados escrupulosamente por escrito. O "tempo" dessa história, os sinólogos o mostraram cuidadosamente, é um tempo marcado pelas virtudes, um tempo que não teme nada de imprevisível. Compreende-se: a ideia de um "passado em si" não faz parte das evidências de uma historiografia inspirada pela adivinhação e subordinada ao poder imperial.

Os *Annales*, no tempo dos Pontífices de Roma

O outro passo ao lado – prometi apenas dois – se faz em direção a Roma, a Roma antiga e seus *annalistes*, menos ignorados graças a Tito Lívio, mas mesmo assim mal conhecidos, ao que parece, entre os historiógrafos do Ocidente como Ricœur e Koselleck. Se consideramos o tempo romano tal como construído e praticado pelos pontífices, ele parece promissor, no sentido em que costumamos entender isso, pois mais aberto que o da China ao aprofundamento da ação humana. O tempo "pontifical" toma forma numa série de práticas rituais: no início de cada mês, no Capitólio, os Pontífices anunciam os *nones* (o nono dia antes das *ides*) publicamente e em voz alta. Cada anúncio oficial aciona a intervenção do Rei encarregado das questões religiosas, o *Rex Sacrorum*, segundo personagem na hierarquia dos padres e dos magistrados de Roma. É ao Rei que cabe fazer conhecer os fatos religiosos do mês, no nono dia, portanto, nos *nones*. Ao controle do tempo que vem e que começa, os Pontífices acrescentam uma competência sobre o tempo decorrido. Com efeito, são eles, ainda, que guardam a memória de certos fatos, de acontecimentos decorridos: expedições guerreiras, sucessos, derrotas, sacrifícios exemplares, prodígios de toda espécie, sinais enviados pelos deuses. Quando chega o fim do ano, o *Pontifex Maximus* parece ter contraído o hábito de afixar os acontecimentos importantes do ano decorrido sobre uma tabuinha pendurada nas paredes de sua residência. É uma espécie de relatório, de carteira de saúde da Cidade, do estado das coisas entre os deuses e os homens.

O Pontífice de serviço é assim capaz de decidir sobre os votos e as cerimônias expiatórias mais adequadas à inauguração do ano que se abre. Trata-se, portanto, de um controle do tempo nas mãos de um personagem ao mesmo tempo sacerdotal e oficial, mas dotado – Georges Dumézil insistiu nisto – de "liberdade, de iniciativa, de movimento". A escritura dos primeiros *annalistes* de Roma, seguidos pelos historiadores à maneira de Tito Lívio, seguirá esses relatórios entre dois anos "civis".[59] Instaura-se, assim, uma operação historiográfica de grande futuro: contar os acontecimentos marcantes de uma "nação" (pois Roma logo aparece a um só tempo como cidade e como nação) para o melhor e para o pior.

Duas experiências, já feitas alhures, no espaço e no tempo, que evoco sem inventariar suas riquezas para futuros comparáveis, mas que deixam entrever o quanto nossas mais simples evidências em matéria de historicidade perdem seu caráter de evidências em sociedades que escolheram outras maneiras de "ser no tempo".

Viver e pensar o tempo

Nos anos 1960, quando um estudante de filosofia abria seu "Lalande", o dicionário de referência para o vocabulário filosófico, era informado, consultando o artigo "História",[60] de que era preciso antes de tudo ver nela a objetivação da sequência dos estados pelos quais a humanidade passou (pré-, proto-, etc.). Não era indispensável acrescentar que tudo é histórico: filósofos e historiadores o repetiam havia um século. Ao passo que o artigo "Historicidade" ensinava aos jovens filósofos, por um lado, que a historicidade significa o caráter do que é histórico e não fictício ("a historicidade do personagem de Jesus", na definição de Émile Meyerson), por outro, que "historicidade", como tradução do alemão *Geschichtlichkeit*, indica "esse privilégio que o homem tem de viver na história".

Todos os leitores do "Lalande", desde 1926, compreendiam que se tratava do homem ocidental. Esse "privilégio", o curso de

---

[59] Sigo aqui as pesquisas de John Scheid de que ele deu a conhecer aspectos importantes em DETIENNE, Marcel (Dir.). *Transcrire les mythologies: tradition, écriture, historicité*. Paris: Albin Michel, 1994. p. 77-102.
[60] LALANDE, André. *Vocabulaire technique et critique de la philosophie* [1926]. Paris: PUF, 1960. p. 416.

história o concretizava havia muito tempo nas escolas comunais e no ensino primário de uma grande parte da Europa e, portanto, também dos Estados-Unidos da América, ao mesmo tempo que um rumor bem estabelecido afirmava a existência de povos sem história e sem civilização, em longínquas colônias ou em outros continentes.

Mais tarde, nos anos 1970, os aprendizes filósofos puderam descobrir outras perspectivas estimulantes: por exemplo, que as sociedades do mundo se diferenciam por sua propensão "a reconhecer ou não a si mesmas uma dimensão histórica". Visão de antropólogo – trata-se de Claude Lévi-Strauss – trazendo à luz, um tanto crua à época, uma espécie de divisão entre sociedades que "escolhem ignorar sua dimensão histórica" e outras que decidiram organizar seu devir com os olhos abertos para o passado sem se recusarem a acreditar que a história tem um sentido. O mesmo pensador chegaria a ponto de propor um método para medir a "temperatura histórica" própria a cada sociedade[61].

Não era suficiente mostrar dois casos-limite de "projeto de historicidade" (no sentido neutro de "ser no tempo"): um caracterizado por uma repugnância a se abrir à história; o outro, pela vontade de se servir da história como de uma ferramenta particularmente eficaz para agir no presente e o transformar? De maneira mais alemã, o historicismo aparecia desde os anos 1930 como a reivindicação de uma visão específica da história de um povo ou de uma nação com seu gênio, com sua vitalidade própria. Uma representação da história que vinha desmentir aquela de uma história em marcha pela ação das forças humanas idênticas pelo mundo afora. Cada nação, muitas vezes convencida de que era a fonte da Verdade, chegava a pensar e a dar a crer que tinha atingido o ápice de toda compreensão da condição humana.[62]

---

[61] Em torno de "História e tradição", Gérard Lenclud produziu análises novas que devem ser lidas por historiadores e etnólogos: "Qu'est-ce que la tradition?" (In: DETIENNE (Dir.). *Transcrire les mythologies*, p. 25-44); e "History and Tradition" (In: MAUZÉ, Marie (Éd.). *Present in Past: Some Uses of Tradition in Native Societies*. Lanham; Oxford: University Press of America, 1997. p. 43-64).

[62] Ver BARASH, Jeffrey A. *Politiques de l'histoire: l'historicisme comme promesse et comme mythe*. Paris: PUF, 2004.

Gregos entre seus Alemães e alguns Pais da Igreja

Falando do "privilégio" que o homem possui de viver na história para definir o que é a história em sentido pleno, o dicionário "Lalande" fazia sobretudo referência à grande tradição de Hegel, aquela que Paul Ricœur acaba ainda de retomar no ano 2000 em sua reflexão sobre *La mémoire, l'histoire, l'oubli*.[63] É, de fato, nas *Lições sobre a história da filosofia* que Hegel proclama:

> Grécia: a esse nome o coração do homem cultivado da Europa, e de nós Alemães em particular, se sente em terra natal [...] Eles [os Gregos] concebem sua existência separada deles sob forma de objeto que se engendra por si mesmo e que enquanto tal lhes coube em partilha [...] De tudo o que possuíram e foram, fizeram-se *uma história*. Não conceberam, portanto, apenas o nascimento do mundo [...] mas ainda o de todos os aspectos da existência deles [...] Viram tudo isso nascer *historicamente* entre eles como obras e méritos seus [...] É nesse caráter de *livre e bela historicidade* [...] que se encontra o germe da liberdade pensante e é por isso que a filosofia nasceu entre eles.

Assim como os Gregos estão "em casa", a filosofia pode gozar com eles do mesmo espírito de "familiaridade" existente. Historicidade e pura natalidade: estar e se sentir em casa (*heimatlich in seiner Heimat*[64]).

Desenhando para nós a "trajetória" do conceito de historicidade a fim de nos introduzir à "historialidade", de Martin Heidegger, lá onde se intensifica o debate entre ontologia e historiografia, Paul Ricœur pede que percebamos o quanto é notável que o segundo contexto em que Hegel fala de *historicidade* seja aquele do "momento imenso no cristianismo", com "o saber de que Cristo se tornou um

---

[63] RICŒUR. *La mémoire, l'histoire, l'oubli*, p. 482-498.
[64] HEGEL, G. W. F. *Leçons sur l'histoire de la philosophie, I: La philosophie grecque*. Tradução de P. Garniron, Paris: Vrin, 1971. p. 22-23: "a filosofia é precisamente isto: estar verdadeiramente em casa – que o homem esteja em seu espírito em sua casa em terra natal" (p. 23). Nenhuma alusão à autoctonia ateniense em relação à encarnação cristã, duas formas míticas de eleição, ao que parece.

homem de verdade". Devemos, pois, aos Pais da Igreja o desenvolvimento da "a ideia verdadeira do espírito sob a forma determinada da historicidade ao mesmo tempo". Ricœur insiste ainda: Hegel só empregou o termo grave e profundo de historicidade nesses "dois momentos cruciais da história do espírito".[65]

Sentido da história, e a queda mais uma vez

Do ponto de vista que escolhemos para analisar algumas das representações da historicidade – forjadas seja por filósofos, seja por historiadores –, podemos talvez considerar os dois momentos cruciais da história do espírito hegeliano como duas dessas pequenas entidades "à romana", ligadas ao instante de um acontecimento que seria a *historicidade* em si. Buscar aí o redobramento de um simples "ser-na-história" seria um equívoco. Com Hegel, e, nesse caso, com Ricœur, é preciso, portanto, reconhecer na Grécia e no cristianismo os dois "tempos" distintos em que se encarna a potência da historicidade, em sua dupla epifania, meio filosófica, meio religiosa. Um filósofo em exercício preferiria dizer que a historicidade, tal qual, é a história concebida metafisicamente ou, de maneira mais hegeliana, é a dimensão própria ao Espírito em sua progressão até si mesmo.[66]

Entre os dois eleitos da primeira historicidade da filosofia, poderíamos detectar uma ligeira distinção que procederia daquilo que tomou o nome de "sentido da história". Não quis introduzi-lo na lista das pequenas entidades elencada anteriormente, mas o "sentido da história" parece ter um lugar de honra no cristianismo[67] ao passo que é totalmente incongruente na Grécia "de bela historicidade" cara a Hegel. A título de informação, acrescentemos que a ideia de que os Gregos "fizeram para si uma história de tudo

---

[65] RICŒUR. *La mémoire, l'histoire, l'oubli*, p. 482-483. As glosas de Ricœur misturam-se no entusiasmo às palavras de Hegel.

[66] Por exemplo, no artigo "Geschchtlichkeit" (Pascal David) do *Vocabulaire européen des philosophes*, sob a direção de Barbara Cassin (Paris: Seuil; Le Robert, 2004. p. 502-505).

[67] LÖWITH, Karl. *Histoire et salut: les présupposés théologiques de la philosophie de l'histoire* [1983]. Tradução de M.-C. Challiol-Gillet, S. Hurstel e J.-F Kervégan. Paris: Gallimard, 2002. Acrescentar: BARASH, Jeffrey A. Les racines théologiques de l'interprétation heideggérienne du sens de l'histoire. In: *Heidegger et le sens de l'histoire* [2003]. Tradução de S. Taussig. Paris: Galaade, 2006. p. 173-200.

o que possuíram e foram" teria parecido absurda a Tucídides, tanto quanto a Heródoto. Ter uma consciência histórica e acreditar que a história tem um sentido são *ficções* de um outro tempo. No país do sol poente, na Europa do século XIX, a ideia de que a história deve ter um sentido por muito tempo fez parte das ideias prontas, mesmo se nos parece hoje ligeiramente obsoleta. Trata-se, com efeito, de uma componente maior da representação do tempo modelada no início da instituição batizada de Igreja (ou seja, "assembleia" em grego) por uma pequena seita, rapidamente implantada na paisagem da Cidade, dessa Roma assegurada por doze séculos plenos pela graça de Rômulo.

Confiando numa "Boa nova", mais conhecida como Evangelho, e fortalecido pelo sucesso de suas primeiras "assembleias", o cristianismo e seu punhado de apóstolos, tomados de uma febre de conversão, ambicionam conquistar a terra inteira. Uma vontade de catolicidade conduz seus teólogos juramentados a pregar sem descanso que a condição humana no tempo é determinada por uma queda aqui embaixo e pela busca necessária de uma salvação improvável. Segundo a mitologia cristã, a crença de que a história tem um sentido, e um só, se origina no relato da danação do homem, que sobreveio por ele ter sido o Adão de uma tradição hebraica entre outras. Pouco importa a história da criação de um humano feito de barro e que o desejo sutil de conhecer o bem e o mal, como um deus, pensa ele, condena à morte, longe de um Jardim maravilhoso, chamado Paraíso à moda persa. Muito cedo, muito rápido, numa pequena modelagem de tradição, a espécie humana, pega na armadilha por um deus jardineiro, se encontra estigmatizada por "um pecado original" tão fascinante para a alma cristã que um Cartaginês recentemente convertido decide ser seu teórico irredutível.[68]

O verme está na maçã: Agostinho – é ele o teólogo em ação, no tempo do saque de Roma pelos Bárbaros (410) – imagina que um destino providencial ata inextricavelmente o tempo da morte e

---

[68] O livro de François Flahaut *Adam et Ève: la condition humaine* (Paris, 2007) traz a uma história inteligente a dimensão de uma antropologia "geral e filosófica" de grande proveito.

o da história. O inventor da mui gloriosa *Cidade de Deus* substitui a mitologiazinha do exílio de um jardim pela odisseia misteriosa da graça. O homem, criado no tempo, se encontra levado pelas águas silenciosas do rio da história, um rio que o conduz à morte e lhe abre o caminho da salvação se ele faz parte dos "predestinados". O sentido da história foi traçado por toda a eternidade, conta Agostinho, o inspirado; o tempo afetado pelo pecado está estendido para a morte; nenhuma salvação é possível nem na história, nem pela história; somente "a graça" pode introduzir uma nesga de eternidade no tempo desse "barulhinho" terrestre; ninguém sabe quem faz parte dos predestinados e quem não faz; a única luzinha de esperança na dor do exílio é que aumenta o número dos eleitos extraídos por Deus da massa "inteiramente condenada em sua raiz corrompida" até que seja atingido o número de cidadãos da Cidade de Deus fixado pela Sabedoria divina.[69]

A partir do mesmo relato da queda do mesmo jardim celeste, Pelágio, o rival de Agostinho, concebera uma visão menos sombria da criatura humana e de sua "historicidade". Uma ficção corrige a outra, sabe-se. Alguns creem que tudo está ordenado pela escatologia, que a origem é inseparável dos fins derradeiros, que a afirmação da consciência está ligada à historicidade da Revelação. Outros, que preferem os benefícios da tradição sem lágrimas não precisam crer num sentido da história para esperar algumas promessas da aventura humana.

Por herança e tradição cultural, pode-se crer que todo ser vivo nasce "em dívida"; resta modular para com quem e por quê. Que culpa ou pecado nos reconhecemos, que dever ou obrigação de devolver ou de dar escolhemos?

Os homens são livres para criar seus deuses, no Oriente como no Ocidente, hoje como ontem. Ontem, Hegel pensava que a Europa era simplesmente o fim da história do mundo. Com a aproximação do fim do milênio, espíritos perturbados pela queda de um

---

[69] Análise excelente por MONFRIN, Françoise. Augustin, *La Cité de Dieu*: Temps et cité idéale. In: PIRENNE-DELFORGE, Vinciane; TUNCA, Önhan (Dir.). *Représentations du temps dans les religions*. Liège; Genève: Droz, 2003. p. 183-207.

muro anunciaram que a história estava acabada. Ao passo que vozes metafísicas, surgidas entre dois grandes conflitos mundiais – após Michelet ter notado que "Nunca a morte tivera tais triunfos sobre o globo" – elevavam-se para exigir dos eleitos da espécie humana o conhecimento autêntico da historicidade fundamental.

Uma historicidade de ferro, no tempo da destruição

Para observar uma colocação em perspectiva da condição histórica do ser humano contemporâneo, não é necessário assumir uma posição de transcendência. Basta seguir o diálogo entre um filósofo alemão de inspiração teológica e um pensador francês de obediência protestante. Os dois parceiros estão profundamente de acordo sobre a importância da questão do "sentido da história". Desses dois parceiros, devemos precisar que um, Martin Heidegger, desaparecera deixando atrás de si uma massa de escritos no momento em que o outro, Paul Ricœur, com um grande respeito por seu confrade, começava a refletir sobre o que os filósofos chamam de a condição histórica.[70] Os dois pensadores caminham numa mesma tradição de pensamento: ela começa na Grécia e se desenvolve no cristianismo do ocidente. Como tantos seres vivos "não pensadores", ambos se pensam a um só tempo em dívida e caídos, lançados no aqui-embaixo. Para a maior parte dos mortais, ter uma consciência histórica não é necessariamente uma preocupação predominante, ainda mais que poucos historiadores ou filósofos se esforçam por ajudar a compreendê-la. Estar na história soa oco, a menos que se seja habitado por um projeto capaz de dar sentido e completude a uma vida inteira. Para o Agostinho da "Cidade de Deus" de que já falamos, é a salvação da alma que funda a existência e lhe dá um sentido inseparável da morte. A visão de Martin Heidegger, que tem Agostinho em grande estima, oferece algo de comparável por seu radicalismo e seu enraizamento numa experiência da decadência própria ao ser-aí, o *Dasein* em língua alemã.

---

[70] Ver RICŒUR. *La mémoire, l'histoire, l'oubli*, p. 472-475; 488-495. Assim como BARASH. *Heidegger et le sens de l'histoire*, p. 201-232.

Se o horizonte teológico e escatológico é mais ou menos o mesmo para Agostinho de Hipona e Martin Heidegger, o *Dasein* imaginado após os milhões de mortos da Primeira Guerra mundial apresenta traços inéditos. Certamente, o ser-em-dívida delimita o ser-aí, lançado na nulidade, mas o *Dasein* heideggeriano não se sente marcado pela culpabilidade, não é habitado pela ideia de culpa, tão forte na herança cristã em que se cultiva o gozo do pecado cometido pela visão, pelos olhos e pelas volúpias mundanas. Enquanto o ser-em-dívida dos Pais da Igreja se afirma de bom grado como um "si" que se realiza preparando-se para a Redenção ou para a Parúsia segundo o Evangelho dos crentes, o ser-aí de Heidegger é intimado a aprender a conhecer o sentido autêntico da historicidade. Para o *Dasein*, o "parido", há antes de tudo o *cuidado*. Mais precisamente, só a angústia existencial pode fundar a morte, ou seja, a morte em si, como a possibilidade mais própria do ser-aí ou *Dasein*.

Por mais estranho que isso pareça ao comum dos mortais, o ser-aí é definido como o lugar filosófico da história. O sentido do ser que é a questão fundamental determina o sentido da história, da historicidade essencial. Estamos longe da historiografia universitária, aquela de Otto Ranke, de Ernest Lavisse ou de Marc Bloch, às voltas com a história cotidiana, totalmente insignificante, senão "a-histórica" aos olhos do filósofo do *Dasein*.[71]

A temporalidade dos "historiadores", contando mais ou menos bem o que se passou entre 1914 e 1933, aparece como cega às relações "essenciais" entre futuro, passado e presente. O único modo autêntico de temporalização é dado pela historicidade do *Dasein*: "O ser-aí projetando seu futuro *é seu passado*".[72] Fórmula que filósofos, frequentemente convencidos de sua profundidade, esclarecem para nosso uso, por um lado, ensinando-nos que o histórico está a nosso cargo, que o ser-aí deve ir em direção a uma escolha, em direção a uma decisão de natureza a desvelar as "possibilidades originais";

---

[71] Vale a pena deter-se aí com Jeffrey A. Barash, em "La Deuxième Guerre mondiale dans le mouvement de l'histoire de l'Être", em seu livro *Heidegger et son siècle: temps de l'Être, temps de l'histoire*. Paris: PUF, 1995. p. 169-188. (Publicado em Portugal como *Heidegger e o seu século*. Tradução de André do Nascimento. Lisboa: Instituto Piaget, 1995).

[72] Exposição tão clara que permite o esquecimento do Ser em BARASH. *Heidegger et le sens de l'histoire*, p. 202-232 (especialmente p. 213).

por outro, insistindo no fato de que, segundo o próprio Heidegger, há "repetição autêntica de uma possibilidade de existência passada". Como isso se diz numa língua por vezes obscura: "O fato de que o *Dasein* escolhe seus heróis, funda-se existencialmente na resolução a mais, pois somente nela é escolhida a escolha que torna livre para a continuação do combate e para a fidelidade ao *repetível*".[73]

Para um pensamento que proclama o esquecimento do Ser e anuncia o fim da metafísica desde os anos vinte do século passado, o *ter sido* tem uma prioridade sobre o passado enquanto terminado. Num presente de decadência, o ser-para-a-morte, orientado, portanto, para um futuro, deve saber que o passado, o passado "autêntico", deve se desvelar enquanto repetição das possibilidades que esconde. A fórmula enigmática citada anteriormente – "o ser-aí projetando seu futuro é *seu passado*" – poderia ser menos dificultosa. Há de se convir, todavia, que tal passado-futuro continua a perturbar o historiador alimentado pela ideia de um passado terminado, e talvez condenado a permanecer por muito tempo ignorante de que o único "originário" pertence aos Gregos, a nossos Gregos que inauguraram o questionamento sobre o sentido do Ser e da Verdade.[74]

Colocar em cena os usos filosóficos e frequentemente públicos dos Gregos por Martin Heidegger excederia a atenção que creio útil prestar à representação de uma historicidade colocada em circulação na frincha entre as duas guerras mundiais. Meu propósito, que se situa no ano de 2010, me autoriza a lançar duas observações, em margem daquilo que continuo a chamar de uma ficção da historicidade.

A primeira concerne à confidência, nunca desmentida, feita por Heidegger a Karl Löwith, um de seus discípulos e *seu* Judeu em exílio: a saber, que a noção de historicidade fora "o fundamento de seu engajamento *político*", aquele do partido nazista, do "Discurso de Reitorado" e daquilo que se seguiu[75] (il. 5). Leitor atento de *Sein*

---

[73] A seguir de perto em RICŒUR. *La mémoire, l'histoire, l'oubli*, p. 494-495.
[74] Bem discutido também em BARASH. *Heidegger et le sens de l'histoire*, p. 256-272.
[75] Em homenagem à lucidez e à coragem do homem, é preciso citar seu livro com sua história dolorosa: LÖWITH, Karl. *Ma vie em Allemagne avant et après 1933* [1986]. Tradução de M. Lebedel. Paris: Hachette, 1988. p. 77. Dossiê retomado por Nicole Parfait, em "Heidegger et la politique. Herméneutique et révolution" (*Le Cahier du Collège international de philosophie*, n. 8, p. 105-158, 1989), que veria o "pensamento político" de Martin Heidegger na "concretização de uma busca ontológica".

und Zeit (*O Ser e o Tempo*), Paul Ricœur fez questão de glosar o mais discretamente possível a fórmula do "*Dasein* que escolhe para si seus heróis", inscrita no horizonte de um destino já promissor.

Uma escolha autêntica, já foi notado várias vezes, concerne apenas a um destino singular, o que tem por consequência, não negligenciável em minha perspectiva, que a verdadeira historialidade não pode se confundir com o desenvolvimento "objetivo" de uma história nacional subordinada à insignificância do que Heidegger chama o "Se"[76] (diz-*se*, a opinião pública, etc.). A segunda observação concerne à historicidade de uma comunidade, de um povo, seja ele grego, seja germânico. Pode-se perguntar, com efeito, como se opera a passagem do histórico primordial que cada um de nós pode ser, deve ser enquanto ser de cuidado, a um povo, ao *Volk* daqueles anos, para os compatriotas de Heidegger. Parece que a transubstanciação do histórico singular no Povo em si pode se fazer pela "geração". O espiritual enquanto autenticidade será "historial" na e com a geração. A geração com ou sem guia, mas de preferência com guia, se damos crédito ao contexto desses pensamentos. De fato, se decidimos olhar o que se passou, no sentido trivial, o reconhecimento da missão espiritual da historicidade se faz, se escreve no "Discurso de Reitorado", e na entrada no partido nazista.

Para se engajar na antropologia comparada da identidade nacional em seu mistério, pareceu pertinente nos determos com mais vagar num caso de figura extrema, aquele do ser-aí – lançado ao mundo e obrigado a escolher a historicidade contanto que ela seja autêntica. Uma historicidade de que lembramos que ela é carregada por uma longa tradição, nascida no cristianismo, além de repensada radicalmente para desembocar na afirmação de um povo que pode e que deve ser consciente de sua missão historial e espiritual. Que isso evoque para alguns o que eram a "consciência nacional" de Barrès ou a "revolução nacional" de Pétain não dispensa o comparatista do trabalho de analisar da forma mais acurada possível as diferenças das componentes e seu agenciamento em "mistério", aqui e ali.

---

[76] Em francês, o pronome impessoal *on*, tradução aqui do pronome impessoal alemão *Man*. (N.T.)

CAPÍTULO V

A história nacional, uma singularidade

Em certos países da Europa como a Itália de Mussolini ou a França de longa data, a "consciência nacional" parece caminhar junto com o ensino de uma "história nacional" situada muito perto do coração da identidade, cujo divino mistério tentamos abordar.

Como fazer uma "nação" com treze colônias? A questão pode parecer ociosa para muitos Europeus e Americanos. Mas ela se colocou muito claramente no fim do século XVIII na América, após a derrota dos Ingleses e a proclamação da Independência pelos "Fundadores" em Massachusetts e na Virginia, quando se fez preciso assentar, fundar a nova coletividade. Uma coletividade que não tinha história, e mesmo parecia querer se fazer contra as injustiças da história atribuindo-se bases institucionais inéditas. Compreende-se que em julho de 1776 os "Fundadores" tenham sido discretos quanto à ideia que poderiam ter da "nação" de que nem os Negros escravos, nem os Índios dos arredores deviam fazer parte.[77]

Valáquios em busca de reconhecimento

Deixemos aí esses começos desconcertantes para pensar o que é "uma consciência histórica e nacional", e nos desloquemos em

---

[77] Para abordar o "mistério" da "nação" americana e a estranheza de uma "identidade" igualmente em "crise", como deve ser, mas por outras razões, dois livros: MARIENSTRAS, Élise. *Mythes fondateurs de la nation américaine*. Paris: F. Maspero, 1977; e LACORNE, Denis. *La crise de l'identité américaine*. Paris: Gallimard, 2003.

direção da "Valáquia" contemporânea, no momento em que George Bush, em 1997, aceita receber na Casa Branca uma delegação de Valáquios que desejam formar um Estado ou uma nação. Provavelmente, os Valáquios são menos conhecidos que os Maias, os Gregos ou os Germanos. Para situá-los rapidamente no mapa, basta lembrar que eles fazem parte do mundo macedônio, o qual fundou sua legitimidade "nacional", já na primeira Iugoslávia, ao lado dos Sérvios, dos Croatas, dos Eslovenos e dos Montenegrinos, em 1945, portanto.

A originalidade dos Valáquios, chamados também Arromenos ou Macedo-romenos, pois falam uma língua romena, é terem sido por muito tempo nômades e transumantes, pastores e comerciantes que pouco a pouco se sedentarizaram no meio de Turcos, Búlgaros, Romenos e Sérvios. Os entendidos concordam em dizer que não há nada mais difícil de definir na história do que um Valáquio. A arqueologia veio ajudá-los: em Vergina, na Macedônia grega, em 1977, descobre-se um túmulo considerado como o de Felipe II, o pai de Alexandre, o Grande. Mesmo tendo sido o mais das vezes os "estrangeiros" dos outros, os Valáquios se sentem no direito de reivindicar uma parte da herança antiga.

O etnólogo Jean-François Gossiaux conta que a seguinte versão corre em Rhodopes: "Quando Bush era presidente, os Valáquios foram vê-lo: 'Somos Valáquios, queremos ter nosso Estado'. Bush então lhes perguntou quantas pessoas haviam morrido por essa causa. Os Valáquios se surpreenderam: 'Por quê? Tem que haver mortos?'. E Bush lhes respondeu: 'Se vocês querem o Estado de vocês, vocês têm que lutar. Se vocês não têm mortos, não têm razão para ter um Estado'". Pelas últimas notícias, os Valáquios, que também tinham solicitado à Comunidade europeia o reconhecimento da identidade "valáquia", com uma língua e uma cultura "arromenas", foram mais bem recebidos. Em 1997, a recomendação nº 1333 é aprovada, e o Conselho da Europa reconhece dois mil anos de idade à sua cultura, sem exigir uma contagem dos "mortos pela pátria".[78]

---

[78] Excelente análise antropológica em GOSSIAUX, Jean-François. *Pouvoirs ethniques dans les Balkans*. Paris: PUF, 2002 ("Le modèle valaque", p. 149-170).

Nem os Valáquios nem a Europa precisam de uma nova "nação" que viesse com seus mortos como a Polônia ou com sua história fundada sobre o sangue derramado como aquela de uma "Grande Sérvia" de não muito tempo atrás.

Nos anos 1980, um presidente americano, herdeiro da "Maioria moral" de Reagan, havia sem dúvida esquecido os primeiros passos das treze colônias "sem história", e os conselheiros que escreviam seus discursos e preparavam suas conversas "internacionais" deviam considerar negligenciável tudo o que precedia o fim da Segunda Guerra mundial. É verdade que, mesmo numa velha província da Europa como a França de "Honra e Pátria" (divisa da Legião de honra[79]), mais de um se surpreende ao descobrir como se funda uma "consciência nacional e histórica" entre 1871 e 1914.

Maurice Barrès: enraizar os Franceses na terra e nos mortos

Apenas evocado a respeito da "dívida para com os mortos", Maurice Barrès vem tomar o lugar que lhe cabe na afirmação da *singularidade* nacional. Sob os auspícios da "Liga da Pátria francesa", em 10 de março de 1899, o homem político e o escritor que assina Maurice Barrès devia pronunciar sua famosa conferência. O propósito é grave: "Sobre que realidades fundar a consciência francesa?".[80] A perda da Alsácia-Lorena, o caso Dreyfus, a França humilhada, traída, dirá ele: definir e defender a historicidade nacional é uma obra de saúde pública. É preciso, em primeiro lugar, julgar as coisas "como *historiadores* mais do que como metafísicos".[81] Uma história comparada de uma margem à outra do Reno, chegaremos a isso.

---

[79] E título do livro-manuscrito, concebido e escrito, entre 1942 e 1945 por Lucien Febvre e publicado enfim em 1996, pela editora Perrin. "As duas fontes do sentimento nacional na França" (p. 17), no tempo em que "os Franceses não se amavam". No índex, encontramos Vigny (Alfred de), mas não Vichy, e Pertarita, rei dos Lombardos, mas não Pétain. A Escola dos *Annales* esclareceu as coisas: Lucien Febvre antissemita? Resposta de André Bruguière (*L'École des Annales: une histoire intelectuelle*. Paris: Odile Jacob, 2006. p. 59-63 ["L'épreuve de l'Occupation"]): "Lucien Febvre não tem nenhuma simpatia pelo antissemitismo, *mas o aceita como uma realidade que é preciso considerar*" (p. 61, eu sublinho). Um antissemitismo ordinário, como disse Badinter.

[80] BARRÈS. *La terre et les morts* (já citado no capítulo 3, "A dívida para com os mortos").

[81] BARRÈS. *La terre et les morts*, p. 15. Eu sublinho.

1 – Proteger a alma de um cristão: Um anjinho brande um escapulário, mais eficaz, até algum tempo atrás, do que qualquer marca de identidade para salvar a alma e o corpo de quem o portasse no instante da morte (Giambattista Tiepolo, teto da sala capitular, Scuola dei Carmini, Veneza).
Foto©Cameraphoto / akg-images.

2 – Identificar, torturar e tornar anônimo: Pintura mural numa rua de Teerã, representando cenas de tortura na prisão de Abu Ghraib, perto de Bagdá. O escapulário se tornou um capuz preto cheio de fios elétricos a fim de assegurar o anonimato do supliciado.
Foto © epa.

3 – **"O Senhor Pickwick posando para seu retrato."** Ilustração de Hablot K. Browne, dito "Phiz", extraída de Victorian Web.
Foto © Philip V. Allingham

4 – O olho de um cidadão iraquiano escaneado por um soldado americano, a fim de constituir uma base de dados de identificação biométrica (nome, idade, endereço, religião, impressões digital e retiniana, etc.).
Foto © Steven Clevenger.

5 – Martin Heidegger, um pensador historial em ação para pensar "mais grego que os Gregos". Profissão de fé dos professores universitários para com Hitler em Leipzig, 11 de novembro de 1933.
Foto © akg-images.

6 – Um médico nazista no meio de seus pacientes. Empilhamento de cadáveres no campo de Bergen-Belsen. Fotografia tirada quando da liberação do campo pelo exército britânico em 15 de abril de 1945.
Foto © akg-imagens.

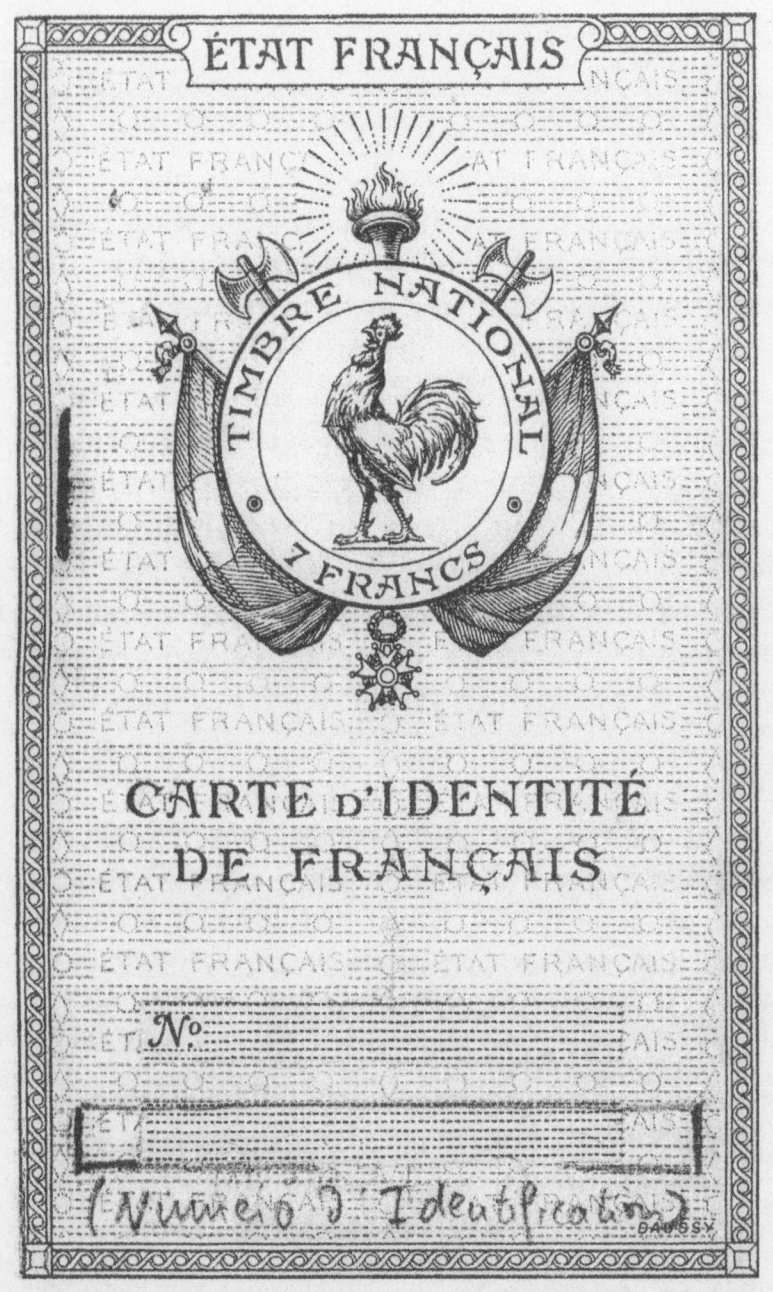

7 – Projeto de criação de uma caderneta identificadora individual, primeiro modelo de carteira de identidade de Francês, 1941. Uma prova do "gênio francês" no tempo do Marechal e da Colaboração.
Foto © MEIE/MBCPFPRE-CAEF.

Para criar o que falta aos Franceses há um século, ou seja, a "consciência nacional",[82] é preciso, Barrès vai dizê-lo e repeti-lo, "um cemitério e um ensino de história".[83] Mortos e ancestrais não faltam na França do século XIX, mas ela precisa urgentemente de historiadores que ensinem a grandeza de sua história. Cabe, portanto, à "pátria francesa", aos milhares de adeptos de sua liga, preparar "algumas medidas que facilitem esse grave ensino nacional" da "terra e dos mortos"[84] (il. 14).

Na mitologia do Ocidente, a Terra é uma alta figura, ela eclipsa o Céu e o Oceano e, de uma margem a outra do Reno, faz aliança ora com o sangue, ora com os mortos. A "consciência nacional", segundo Barrès, não se funda numa vaga comunidade de sentimento, nem na lembrança de uma sorte de destino comum. É preciso "escutar a voz da terra e dos mortos".

"A terra nos dá uma disciplina, e somos o prolongamento de nossos ancestrais",[85] seu espírito em massa fala em nós. Basta saber, aprender que possuímos plenamente a experiência de além-túmulo, transmitida pelo chão em que nascemos. Os cemitérios fazem parte do território nacional, e Barrès adora citar o historiador-filósofo (trata-se de Louis Ménard, contemporâneo de Fustel de Coulanges) que "nos ensinou que uma religião começa com o culto familiar dos mortos".[86] É por isso que é preciso "enraizar os indivíduos na terra e nos mortos".[87] Nos encantamentos barresianos se opera uma sorte de extensão da terra cemiterial ao conjunto do território da França. Parece, então, que a religião, cristã e católica, traz à nação o infinito e o sagrado que ela não pode recusar. Uma comunidade

---

[82] BARRÈS. *La terre et les morts*, p. 16.
[83] BARRÈS, Maurice. *Scènes et doctrines du nationalisme*. Paris: Plon-Nourrit & Cie, 1925. t. I, p. 118. Ver também p. 114. Muitos outros textos foram citados e colocados em relação por Tzvetan Todorov em *Nous et les Autres: la réflexion française sur la diversité humaine*. Paris: Seuil, 1989. p. 247-283. Publicado no Brasil como *Nós e os outros: a reflexão francesa sobre a diversidade humana*. Tradução de Sergio Goes de Paula. Rio de Janeiro: Zahar, 1993.
[84] BARRÈS. *La terre et les morts*, p. 21.
[85] BARRÈS. *La terre et les morts*, p. 20. Dezenas de declarações do mesmo teor nas obras completas do mesmo acadêmico, com uma boa seleção em THIBAUDET. *Trente ans de vie française*, II, p. 87-143.
[86] BARRÈS. *La terre et les morts*, p. 21-22.
[87] BARRÈS. *La terre et les morts*, p. 27.

formada ao longo dos séculos pela ação da história constitui uma nação com um território sobre o qual vivem e crescem homens unidos pelos laços de uma mesma civilização. Nação e civilização coincidem absolutamente.

Fazer valer a herança indivisa, perseverar no *ser*: a preocupação maior do nacionalismo de Barrès é a de que cada questão seja resolvida tendo em conta a França. Ele exige que se ensine às crianças a *"verdade francesa*, ou seja, aquela que é a mais útil para a nação".[88] Elogio da história: só ela revela as leis a que deve obedecer a nação; só ela dá a conhecer os critérios de comportamento, fixa-os e imobiliza-os em "civilização". Lembremos: em 1892, Ernest Lavisse começa uma *Histoire de France* destinada a se tornar "monumental", cujos primeiros volumes aparecem dois anos após *La terre et les morts*. Desde 1884, Lavisse se dirige a seus estudantes em termos memoráveis se quisermos compreender por que seu ensino de história "emblematiza perfeitamente um momento nacional"[89]: "Sei muito bem que, se retirasse de mim certos sentimentos e certas ideias, o amor pelo chão natal, a longa lembrança dos ancestrais, a alegria de encontrar minha alma em seus pensamentos e em suas ações, em sua história e em sua lenda; se não me sentisse parte de um todo cuja origem se perde na bruma e cujo futuro é indefinido; se... se..., realmente não saberia mais o que sou e o que faço neste mundo. Perderia a principal razão de viver".[90]

Não é no Peru, entre os "Peruanos" de San Martín (1821), nem na Venezuela que deita raiz o gênero "história nacional", é na Europa e com o zelo que colocam em cultivá-la os ocupantes, primos e rivais, das duas margens do Reno. Pois há os Prussianos em face da Ilha de França, e Barrès, que pretende fundar a consciência francesa, mede claramente a vantagem que eles tomaram sobre seus compatriotas sobre os quais sabe que não formam uma coletividade

---

[88] BARRÈS. *La terre et les morts*, p. 23: desconfiança para com os imigrados, os "Franceses demasiado recentes", mal enraizados pois "a verdade alemã e a inglesa não são a verdade francesa e podem nos envenenar". (Ver BARRÈS, Maurice. *Mes cahiers*, t. II, p. 86.)

[89] NORA, Pierre. L'*Histoire de France* de Lavisse. In: NORA, Pierre (Dir.). *Les lieux de mémoire*. Paris: Gallimard, 1997. (Quarto). v. 2. p. 851-891 (p. 863).

[90] Discurso citado por NORA. L'*Histoire de France* de Lavisse, p. 854-855.

orgânica como os Teutões, mas um povo "de formação política". Barrès designa o adversário único: a Prússia. Em 1806, ela estava liquidada. Depois de Iena e da paz de Tilsit, busca reerguer o Estado, inspira-se "na realidade, ou seja, nos precedentes históricos prussianos e nas circunstâncias"; encontra a ajuda dos literatos, dos filósofos, dos *educadores*, de todos aqueles que "exercem uma ação direta sobre o espírito público". Historiadores, professores de história e homens de letras (como Barrès) são convidados, pressionados a criar o estado de espírito nacional que a "pátria francesa", por sua vez, requer. Bem antes de os sociólogos a teorizarem, todos sabem na Europa, no século XIX, que a transmissão da cultura nacional de uma geração a outra se faz na escola, do "primário" ao ensino superior.

Os sociólogos que cresceram num mundo em que a nação e a pátria andam lado a lado desde sempre acreditam de bom grado que uma "comunidade de lembranças históricas", a certeza de uma sorte de destino comum, faz nascer e crescer tanto o sentimento nacional quanto o amor pela pátria. Pois esses são aspectos obscuros e poderosos que podem se misturar segundo a cor do tempo, as escolhas políticas e a efetivação das crenças, ou seja, a maneira como elas são cultivadas ou injetadas numa sociedade.

Do século XIX até hoje, a Europa constitui um vasto laboratório para ver o que significa uma "comunidade de lembranças históricas" numa cultura partilhada, ao mesmo tempo escrita, falada e visualizada na escola pelos professores e pedagogos nomeados pelos Estados do século XIX. Parece que um ensino de história tenha dado ao sentimento nacional uma armadura forte à qual vieram se amalgamar, de acordo com as marés, o "morrer pelo amor da pátria", as representações de uma herança ancestral, de uma missão providencial, como aquelas de uma raça vital, de um sangue puro, de uma terra sagrada, ou de tudo aquilo que um imaginário religioso, filosófico e intelectual pode colocar em circulação. As seitas, as confissões, as capelas, as Igrejas estão aí com seu clero em fileiras cerradas para sacralizar tanto a terra e os mortos quanto o solo e o sangue.

Um ensino de história

Ensinar contando a história e fundar assim "a consciência francesa", por um século inteiro, foi a obra de um historiador, duplamente "criador" do gênero "história nacional", tão pregnante na Europa, sempre, ainda. Ernest Lavisse queria que "a alta universidade" se misturasse intimamente na vida nacional, que o primário não fosse separado do superior.[91] O primeiro manual data de 1884 e terá uma tiragem de milhões de exemplares; no primário, uma só história é estudada: a história da França. É preciso aprender de cor fórmulas como esta, em 1912, que enuncia um dever: "Deves amar a França porque a natureza a fez bela, e sua história a fez grande." Em menos de duzentas páginas, muitas vezes construídas em torno de uma lenda, sob uma vinheta (há 140 delas), os escolares aprendem que a França é a essência da Europa, que nela, a pátria, a República e a liberdade não cessaram de desabrochar para formar "nossa" história que é *"a carne de nossa carne"*.[92] Paralelamente, e no mesmo espírito, um outro livrinho faz seu caminho. Chama-se *Le tour de la France par deux enfants*. Distribuído em milhares e depois milhões de exemplares entre 1871 e 1976, ele inculcará, com um conjunto de conhecimentos úteis para a França rural, o sentimento de que há na França uma sorte de similitude fundamental, que a "singularidade" da França, simples e forte, é a de que os indivíduos e a coletividade se assemelham mais que alhures (como diz o filósofo cuja esposa redigiu as sucessivas versões desse *Tour de la France*).[93]

Em 1976, dois historiadores, "desejosos de purificar de algum modo sua memória histórica, balizando os estágios originais e os processos de sua conformação", interrogaram os livros da escola primária, aqueles que apresentavam às crianças "as figuras mais simples e mais puras de nossa história, no estado de frescor do mito

---

[91] NORA. L'*Histoire de France* de Lavisse, p. 851-854. O mesmo historiador "em segundo grau" nota (p. 891): "Ele fixou as imagens fortes e estendeu, definitivo, o espelho em que a França não mais cessou de se reconhecer."

[92] NORA, Pierre. Lavisse, instituteur national. In: NORA (Dir.). *Les lieux de mémoire*, v. 1. p. 239-273.

[93] OZOUF, Jacques; OZOUF, Mona. Le tour de la France par deux enfants. In: NORA (Dir.). *Les lieux de mémoire*, v. 1, p. 277-301.

nascente". *Histoire mythologique des Français*, assim se chama o livro escrito entre nostalgia e ternura por Claude Billard e Pierre Guibbert, conscientes da "mistificação" dos cidadãos e do peso formidável de um tal *imaginário nacional* sobre a França dos anos 1980.[94] Caberia aos sociólogos, assim como aos antropólogos curiosos a respeito de historicidade e de historiografia, tentar compreender os efeitos de uma "história mitológica" sobre uma certa ideia da França, no espírito dos mais simples como na visão partilhada por uma elite levada a exercer o que se costuma chamar de "as mais altas funções". Ernest Lavisse desejava que não se separasse o superior do primário. Em 1972, no momento em que o pequeno Lavisse parece extenuado, um historiador das cruzadas, que é também um pensador do "Sagrado", é chamado, pela responsável pelo volume da coleção "La Pléiade" *La France et les Français*, para explicar o que é o "sentimento nacional".

Petit Lavisse e sentimento nacional

Cabe, portanto, a Alphonse Dupront abrir na dita "Enciclopédia" de prestígio a seção "A França e o mundo". Todo mundo aprendeu isso na escola, a França é o povo eleito da história. A França nasce nação, é terra do nascimento, tudo nela é naturalmente, espontaneamente nacional, seu leite, suas lágrimas, seu sorriso. "A França é terra e figura de uma terra; ela é história, pessoa, espírito enfim." Poderíamos multiplicar as citações e escutar suas palavras escorrerem nos discursos contemporâneos: a França é um ideal, uma sociedade de realização; com seus mortos e sua presença, "o eterno se torna palpável". Michelet, Péguy, "nossa França", uma *"terra que pela memória e pela presença dos mortos se aprofunda em história"*.[95] Antes de Dupront e seu trabalho de beneditino, Barrès já o compreendera:

---

[94] BILLARD, Claude; GUIBBERT, Pierre. *Histoire mythologique des Français*. Paris: Galilée, 1976. Um ano mais tarde haverá, de Edmond Marc Lipianski, *L'identité française: représentations, mythes, idéologies*. La Garenne-Colombes: Éditions de l'Espace Européen, 1991; e, resolutamente crítico, o excelente livro de Suzanne Citron, *Le mythe national: l'histoire de la France en question*. 2ᵉ éd. Paris: Les Éditions Ouvrières, 1990.

[95] DUPRONT. Du sentiment national, p. 1440-1472 (tenho que sublinhar).

"a França, uma nação que fez cruzadas num sentimento de emancipação e fraternidade, que proclamou pela Revolução o direito dos povos de dispor de si mesmos".[96]

Depois da França das Cruzadas e da Revolução, Dupront, que está encarregado de falar da "França e o mundo", se aproxima dos últimos decênios do século XIX, quando a França "se desvia de uma Europa onde seu reinado está abalado para se descobrir esplendidamente fundadora de império".[97] O Francês é marcado por uma *incapacidade nacionalista* (doc. 8). "Cidadão do mundo, então? Certamente não, e sim *o mundo, uma outra França*."[98]Alguns anos após as festas e as febres de 1968, após o luto de Vichy, que parece cheio de futuro, com nosso ligeiro recuo: nação? "A palavra não é mais apenas de análise política. Todo o *singular* a partir de então se concentra na consciência, na necessidade, na *fé de ser francês*."[99] Conviria, por certo, no momento de interrogar "a singularidade", pensar que na Valáquia, na Padânia, ou na Alemanha do III Reich, a mesma "consciência", a mesma "necessidade" poderiam culminar na "fé" de ser valáquio, padânio, ou ariano "puro sangue".

O professor prussiano contemporâneo de Ernest Lavisse ensinava a seus alunos a grandeza antiga de um país e de uma nação cujo historiador oficial, escolhido por Guilherme II, se chamava Heinrich von Treitschke, era discípulo de Ranke e estava convencido como este de que um destino providencial estava reservado à nação germânica. O Estado alemão tem naturalmente o direito de exigir de seus historiadores catedráticos que eles coloquem à sua disposição os recursos das ciências da antiguidade germânica, que assegurem a plena legitimidade do patrimônio ancestral, que contribuam para dar a conhecer, como se deve, com H. S. Chamberlain (1898), as qualidades fundamentais da "raça" germânica, assim como a superioridade dos Arianos ou dos Indo-Germanos. O antissemitismo, de boa tradição luterana na Alemanha, nunca faltou ao sentimento

---

[96] BARRÈS. *La terre et les morts*, p. 20.
[97] DUPRONT. Du sentiment national, p. 1468.
[98] DUPRONT. Du sentiment national, p. 1450 (eu sublinho).
[99] DUPRONT. Du sentiment national, p. 1472 (tenho que sublinhar de novo)

nacional, mas sua vitalidade decuplicou com a instituição de um culto do sangue e dos ancestrais.[100]

O sangue germânico, a herança dos ancestrais

Rapidamente, ao que parece, a Alemanha decidiu fundar a consciência nacional sobre o sangue herdado dos ancestrais. A visão francesa de uma presença em nós dos ancestrais permaneceu ao mesmo tempo frívola e cemiterial demais para contrabalançar, mesmo durante Vichy, a força de um sangue portador da imortalidade do Povo que fará triunfar o nazismo do III Reich. Nas florestas negras do Ocidente, a mitologia do sangue teve um longo reinado, assegurado pelo cristianismo com suas práticas ditas de Eucaristia e seu ódio contra os judeus. No tempo de Rosenberg e da religião da alma racial, nos anos trinta do século passado, alguns próximos de Hitler tentarão "limpar" "a santa Escritura", depurá-la de toda "falsificação judaica". Um Cristo ariano devia mostrar as estreitas afinidades da germanidade e do cristianismo, tão influente. As Juventudes hitlerianas – aquelas que educaram os adolescentes alemães tornados hoje Europeus ativos – foram fortemente marcadas pela influência da Fundação científica dos SS, batizada "Herança dos Ancestrais" (*Ahnenerbe*).

Os teóricos, em colaboração com os universitários, trabalham então incansavelmente para fazer descobertas fundamentais: que o sangue perdura em sua essência através das eras, que ele se renova infinitamente desde que nenhum "pecado de mestiçagem" venha maculá-lo, que sua pureza deve ser protegida pela força e pela transcendência do Reich. O movimento das juventudes hitlerianas, estendido bem para além de uma única classe de idade, pretendia forjar uma nova aristocracia ariana, originada do sangue e da terra germânicos. Do primário à universidade, os educadores, os professores e os professores universitários ensinavam com autoridade

---

[100] BARASH. *Politiques de l'histoire*, p. 1117-136 ("Ranke et Treitschke: historiographies de la nation allemande"). Deve-se ler também METZ, Karl H. Historiography as Political Activity: Heinrich von Treitschke and the Historical Reconstruction of Politics. In: KOSLOWSKI, Peter (Ed.). *The Discovery of Historicity in German Idealism and Historism*. Amsterdam: Springer, 2005. p. 98-111.

que todo e qualquer contato sexual entre um Judeu e uma alemã "impregna" e envenena para sempre a descendência desta. "Sangue e honra": essa devia ser a divisa inscrita na consciência racial dos membros do partido nazista e de todas aquelas ou aqueles que se apressavam em fazer a saudação hitleriana.[101]

Uma extrema singularidade nacional

Na busca pelo que é uma "singularidade", parece interessante compreender as distintas vias abertas por orientações apoiadas num projeto de "mesmidade" e de afirmação de identidade nacional. O mais das vezes, muitos o sabem por experiências amargas, aqueles que não têm as mesmas raízes nem a mesma herança histórica podem ser apupados, lançados fora, às vezes postos nas mãos daqueles que os farão desaparecer. Aqueles que, já "desenraizados" aqui e ali, são declarados publicamente maculados por um sangue impuro, devem, em certas situações de extrema violência, ser exterminados tão completamente quanto o decide um poder totalitário.

Em situações como essas que acabo de evocar, historiadores da nação e da "raça" costumam estar dispostos a prestar seus serviços aos "cientistas" e seus colaboradores. A fim de mostrar, para aqueles que os ignoram por terem nascido depois, os estados extremos em que um imaginário da mesmidade do sangue pode lançar uma nação e seus "outros", os "Esqueletos de Estrasburgo" oferecem uma cena, inevitavelmente macabra, sobre a qual historiadores, justos e exigentes, tentaram reconstituir as experiências e as práticas executadas num empreendimento de "regeneração do povo alemão".[102] Um professor da Nova Universidade de Estrasburgo, o Dr. Hirt, diretor do Instituto de anatomia, concebeu esse ambicioso projeto de pesquisa sobre sujeitos humanos: trata-se de identificar as características específicas da raça mais apta ao combate, aquela que enfrenta a morte com a coragem mais determinada.

---

[101] Um grande livro: CONTE, Édouard; ESSNER, Cornelia. *La quête de la race: une anthropologie du nazisme*. Paris: Hachette, 1995.

[102] Édouard Conte escreveu o capítulo VI de *La quête de la race*: "Au terme de l'horreur. La 'Collection de squelettes juifs' de l'"Université du Reich' de Strasbourg", p. 231-262, que é preciso ler de cabo a rabo.

Havia vários decênios que pensadores, escritores e filósofos
– que não viriam a ter nenhuma ligação direta com o programa
ultraconfidencial de Estrasburgo – difundiam, em seus livros e em
seus cursos, a ideia de que a existência humana adquire um sentido
autêntico diante da morte, e de que a grandeza do homem se forja
na vontade de combater, de fazer a guerra em vez de atolar nas
areias da despreocupação. O projeto científico do Dr. Hirt, elaborado no fim de 1942, é recebido com entusiasmo por Heinrich
Himmler, o Reichsführer-SS. E beneficia de todos os incentivos
possíveis com as regras de rigor de uma grande burocracia. Entre
as últimas aquisições do Instituto de anatomia, o Dr. Hirt dispunha
já de uma série de crânios de "comissários judaico-bolcheviques",
de indivíduos provenientes de uma subumanidade repugnante, mas
característicos. O Dr. Hirt pretende receber material humano de
qualidade e já analisado de maneira científica, provido de mensurações exatas e dos dados pessoais indispensáveis. Para comparar, como
convém em se tratando de anatomia comparada, o mestre do projeto
deseja receber entre 100 e 150 sujeitos judeus, machos e fêmeas, a
fim de estudá-los em relação a uma população ariana, igualmente
escolhida. Trata-se de demonstrar materialmente a especificidade
racial da população judaica a fim de identificar melhor as verossímeis
"transições raciais" que caracterizam a passagem da Europa à Ásia,
tendo como critério o apagamento dos traços sexuais secundários.
Uma vez feitas as mensurações "antropológicas" e terminados os
exames radiológicos e sanguíneos, a câmara de gás está pronta
(doc. 9). Com a ajuda de uma equipe devotada e experiente, o Dr.
Hirt pode, assim, no mês de agosto de 1943, começar a esclarecer,
"através da observação direta, as relações entre as origens raciais e
os comportamentos individuais e coletivos dos aliados e dos inimigos do Reich, em situação de combate, diante da morte"[103] (il. 6).

  Meio século depois dos efeitos produzidos pela singularidade
exemplar do sangue ariano, a questão da "singularidade" da Alemanha, de sua história, de sua progressão no tempo (seu *Sonderweg*)
suscita um caloroso debate entre historiadores e filósofos. Na Europa,

---

[103] CONTE; ESSNER. *La quête de la race*, p. 251.

aquela que se refere ainda ao Ocidente, os historiadores permanecem os especialistas da História, continuam encarregados do Sentido que ela deve ter ou que poderia ter quando Ela (a História) se encontra *em presença* de um passado e de um futuro, às vezes um mais incerto do que o outro. Por hábito adquirido, alguns falariam de crise. A "singularidade", seja nacional, seja histórica, suscita uma série de questões. Elas são brutalmente relançadas na Alemanha, entre 1986 e 1988. Somos diferentes dos outros em termos históricos? Qual é a identidade da República federal? Devemos temer que possam se apropriar da história alemã? Como um país privado de sua história poderia atribuir um conteúdo a sua memória e conjugar um futuro a um passado? É possível desenvolver as tradições da cultura alemã sem assumir o "contexto" em que foram cometidos os crimes nazistas? Que nexo há entre nossa forma de vida contemporânea e a de nossos pais e avós no tempo de Auschwitz? Como colocar entre parênteses nosso "particularismo" nacional sem colocar em perigo nossa "consciência histórica"?[104]

Tantas questões que se acumulam em volta da evidência de uma "singularidade" a um só tempo nacional e histórica. Elas são, ao que parece, fundamentais para as sociedades que receberam "o privilégio de viver na história" – como dizia o "Lalande" –, ou seja, de ter uma consciência histórica. Há mais de um século, na Europa, a história nacional é um gênero ao mesmo tempo acadêmico e literário. Ela ensina a cada um que a história é um processo, que esse processo tem um sentido, e que esse sentido é "singular". Antes de tentar compreender o que é uma singularidade na escala de uma nação, convém nos determos no gênero "história nacional", cultivado há mais de um século, como já vimos.

História nacional: responsabilidades

Para o observador atento das "nações" constitutivas da Europa, torna-se visível que um dos riscos da "história nacional" é conhecer crises, crises ditas de "identidade histórica". Para tentar compreender

---

[104] Questões expostas e debatidas no volume coletivo: *Devant l'histoire: les documents de la controverse sur la singularité de l'extermination des Juifs par le regime nazi* [1987]. Paris: Éditions du Cerf, 1988. *passim.*

aquilo que um clínico chamava outrora de doença crônica, gostaria de sugerir um desvio por uma questão formulada em 1994 por um historiador meio alemão, meio francês, e talvez mais europeu que outros, uma questão crucial e simples: Como é possível escrever uma história nacional? ou seja, uma história da Alemanha *antes* da Alemanha, do Reino Unido *antes* do Reino Unido, da França *antes* da França, e a lista poderia ser longa. Para dizê-lo ainda mais claramente: como escrever histórias ditas "nacionais" com um passado anterior à existência "real" de nações que, todas elas, nasceram no século XIX afirmando-se e opondo-se umas às outras.[105]

Tudo é possível, a resposta é tão simples quanto a questão. Há vinte anos, um "grande historiador da França", em busca da identidade de seu país, decide ser vital recordar a seus concidadãos de 1986 suas origens neolíticas e paleolíticas (Lascaux "pertence" à França), os milhões de mortos "franceses" no chão de sua terra, a enorme herança de um passado que faz brilhar sua grandeza aos olhos do mundo.[106] Uma "história nacional" não apenas é possível, mas não para de se escrever; mais ainda, é uma necessidade. Trata-se de nossa "identidade".[107] Mais genericamente, da identidade de cada "nação", dirão alguns. Mais uma vez, tomarei como testemunhas os Observadores do Homem. Eles concordam serenamente, objetivamente: "A França", sem ofender o Reino Unido nem a Alemanha, pretende se apresentar como a província da Europa, onde a história nacional mais duradouramente desempenhou um papel central.

---

[105] Trata-se de SCHRADER, Fred E. Comment une histoire nationale est-elle possible?. *Genèses*, n. 14, p. 153-163, janv. 1944. Um dos raros textos críticos que colocam claramente uma questão importante: pode-se, honestamente, escrever uma história nacional sem nacionalismo? É interessante, por exemplo, a reação de Pierre Nora, "La nation sans nationalisme", em NORA, Pierre. Le temps réfléchi. *Espaces Temps. Les Cahiers*, n. 59-61, p. 66-69, 1995.

[106] BRAUDEL. *L'identité de la France*. Interessei-me mais por isso em meu livro *Comment être autochtone*, p. 139-144, a propósito das recaídas sobre o devir do "Francês de cepa" da extrema direita e da recepção do livro de Braudel nos meios do *Front national*. Investigação a ser levada adiante nos círculos do novíssimo "ministério da... Identidade nacional" (2007).

[107] Muito forte nesse livro de retorno à aldeia para um historiador que afirma, na abertura de seu livro, que "o historiador [...] só está mesmo em pé de igualdade com a história de seu próprio país" (BRAUDEL. *L'identité de la France*, p. 10) e pede a seus compatriotas que não se deixem "expropriar" de sua própria história (BRAUDEL. *L'identité de la France*, p. 15).

Um ensino da história, dessa vez *crítico*, permitiria aos cidadãos da Europa descobrir que, até o século XVIII, o reino da França viveu à margem da bacia parisiense esperando uma série de "anexações" como a da Savoia ou a da Lorena. "Eu sou loreno", Maurice Barrès deixa o seu coração falar. "Há apenas um século, minha pequena região é francesa." Em 1766, "anexa-se": "Como imaginar uma história pior do que a da Lorena, disputada entre a França e a Alemanha desde o século X e que esses dois grandes países não deixam viver sua vida orgânica." Escutemo-lo ainda, o Barrès de "A pátria francesa" e de *A terra e os mortos*: "No século XVII, cerca de três quartos de uma população total de quatrocentos mil habitantes morreram nos horrores da ocupação francesa. [...] Não entramos na pátria francesa porque queríamos; na verdade, viemos porque éramos pisoteados ora pela França, ora pela Alemanha, porque nossos duques, não tendo sabido nos organizar, eram incapazes de nos defender e, depois das atrocidades que os Franceses nos infligiram, precisávamos de ordem e de paz". O homem que assim fala continuava o mesmo discurso dirigindo-se à França inteira, a fim de erguê-la contra a barbárie dos prussianos e dos Alemães que tinham "anexado" as cidades meio germânicas, meio francesas, da Alsácia.[108]

Da França ao Reino Unido, a mesma questão parece pertinente: o que é uma história do Reino Unido antes da existência de um Reino Unido? A Itália, a Espanha ou a Grécia poderiam sofrer o mesmo processo.

Olhadela comparatista sobre a "terra"

Entre os historiadores "nacionais" ou simplesmente levados a exercer seu ofício no país em que viram a luz, alguns não se mostram indiferentes a uma abordagem que chamaríamos comparativa. O mais das vezes, a comparação se manifesta de duas maneiras: seja por um questionamento sobre o objeto da pesquisa, seja sob a forma de um julgamento motivado sobre "os outros". Dois exemplos

---

[108] BARRÈS. *La terre et les morts*, p. 13-15. "Eu sou loreno" precede a evocação dos jovens mortos de Metz e de Estrasburgo e o luto da França-Pátria, a França "civilizadora", espoliada pela Alemanha, "mais cruel do que os povos orientais que cortam as oliveiras e tapam os poços" (p. 19).

ilustram a primeira atitude, permitindo ver concretamente as questões geradas por uma pesquisa realizada com competência por dois historiadores. Um em busca do sentido de "Morrer pela pátria" na França. O outro de explorar os valores da "terra" dos franceses na longa duração. Trata-se de dois tópicos, escolhidos por sua virtude crítica entre as dezenas de uma investigação coletiva sobre os ditos "lugares de memória" na França, que serve aqui de cenário. O medievalista Philippe Contamine sabe que a Idade Média é mais europeia do que "francesa", que a "França" de Philippe Auguste não pode ser a mesma que a de 1871, que a guerra de 1914-1918 não é da mesma ordem que as "habilidades com armas" e que as guerras individuais do século XIV. Mostra-se curioso em relação às mudanças, falaria de bom grado de transformações maiores, sem no entanto perder o rumo de uma história orientada por uma cronologia que garante à França seu lugar no tempo cristão do Ocidente. Em conclusão, faz a seguinte observação: "Para ver mais claro, seria preciso examinar conjuntamente, *comparativamente*, a evolução do sentimento patriótico na França e nos países vizinhos, e mesmo em *outras civilizações*".[109]

A "terra", que vem aqui depois da "pátria", é analisada segundo o mesmo método: ver como se modela um objeto, diferente, por certo, do "Panthéon" ou da *Marselhesa*, mas que parece ser um componente maior da "identidade nacional". Uma história que começa milênios atrás, que conhece, antes do "fim dos camponeses", o retorno à terra "do petainismo", até sua idealização em "lugar de memória" e de turismo aos olhos de muitos Franceses. O autor, Armand Frémont, historiador-geógrafo, recorda que a terra é "o mais extenso dos lugares de nossa história", o mais profundo, o mais presente, que nossas raízes camponesas mergulham nos milênios, que "a paisagem rural é a expressão de uma domesticação quase perfeita do solo", que "a terra dos Franceses, fecundada desde o neolítico,

---

[109] CONTAMINE, Phillipe. Mourir pour la patrie: X^e-XXe siècle. In: NORA (Dir.). *Les lieux de mémoire*, v. 2, p. 1673-1698 (eu sublinhando). As questões estão ali, à flor do texto: que sentido poderia ter no Japão do "Yasukuni", entre 1869 e hoje (ver PONS, Philippe. Au Japon, on ne badine pas avec la patrie. *Le Monde*, 4 avr. 2008), a representação medieval de um "Estado" definido como "corpo místico" pelo qual "sacrificar-se" cristãmente confina com o "martírio" numa "cultura" em que, por muito tempo, só foi "santa" a morte do "cruzado"? Todos os termos entre aspas estão aí para problematizar.

domesticada e apropriada em cinco ou seis milênios, suscita [...] todos os interesses da razão e da sensibilidade". Ele também sabe, como todos os geógrafos-historiadores, que as mudanças do "neolítico" trazem aportes de populações mediterrâneas com migrações vindas da Europa central pelo Danúbio e pouco a pouco sedentarizadas na Bacia "parisiense".

Ele não chega a se deixar levar a falar de um "neolítico francês". "Terra da França, Terra dos Franceses?", um historiador-geógrafo deve ao menos se colocar a questão: "Para se impor com tanta força no patrimônio dos Franceses, a terra da França possuiria alguma qualidade particular? Na verdade, o que se diz dela poderia ser dito de todas as grandes civilizações camponesas. Objetivamente falando, nem a história nem a geografia atribuem à França uma primazia particular na Europa ou no mundo".[110]

Uma abordagem mais resolutamente crítica e – quem sabe? – comparativa, levaria a perguntar que visão singular conduz a fazer da "terra" um "lugar de memória" ao lado de "morrer pela pátria". Parece que o melhor seria ir ver o que significa hoje na Índia hinduísta morrer pela Vaca-Índia-Nação em nome de sua pureza autóctone ameaçada pelo sangue impuro dos muçulmanos. Da Índia, por que não passar ao Japão e à sua inflexível vontade de ter nascido de sua própria terra, para em seguida voltar à Hungria e à Polônia rumo a Israel? Um empreendimento tão francês quanto os "lugares de memória" parece não ter levado em consideração questionamentos como esses.

Vanity-case do árbitro das singularidades

A outra maneira de comparar que evoquei se apresenta sob a forma de um julgamento motivado dos "Outros". São precisamente as "memórias comparadas", concebidas como um prolongamento dos "lugares de memória", que oferecem a esse tipo de julgamento a oportunidade de se exprimir.[111] Nesse terreno, a perspectiva se

---

[110] FRÉMONT, Armand. La terre. In: NORA (Dir.). Les lieux de mémoire, v. 3, p. 3047-3080 (p. 3061 para a citação).

[111] LE DÉBAT: Mémoires Comparées, n. 78, 1994.

quer "resolutamente comparativa", abrindo-se a "países vizinhos que têm uma história comum e tornam a comparação direta e familiar".[112] Trata-se de um comparatismo fiel àquele proposto cinquenta anos antes por Marc Bloch, e que não parou de inspirar tanto os historiadores do círculo dos *Annales* quanto Fernand Braudel em seu *Identité de la France*. Um comparatismo de vizinhança que se apoia numa espécie de bom senso europeu – o de que "só se pode comparar o que é comparável"[113] –, mas suficientemente eficaz para descobrir aquilo que seu inventor chama de "lei da memória". A fórmula é simples: "Nós [a França], nós temos a memória, eles [os Ingleses] têm a tradição" (doc. 10). Aos "historiadores estrangeiros" convidados para as "memórias comparadas" cabe se distribuir entre os dois polos.[114]

Tal julgamento motivado sobre os Outros permite avançar em direção àquilo que poderia ser uma "singularidade" no campo do nacional. Do ponto de vista escolhido pelo descobridor da "lei da memória", parece assegurado que "a França, Estado-Nação por excelência e por antiguidade, conheceu a um só tempo uma continuidade excepcional e uma ruptura brutal dessa continuidade pela experiência revolucionária de ambição universalizante". Outros aspectos da singularidade da França: que ela viveu intensamente "a passagem decisiva de uma consciência histórica de si mesma a uma consciência patrimonial"; que sua "predisposição histórica [...] à memória" permitiu-lhe dispor de um "passado transfigurado pela atividade memorial" e realizar, assim, uma "patrimonialização da própria história", culminando no renascimento do sentimento nacional "amoroso".[115]

Eis-nos, portanto, em vista de uma singularidade de bom quilate: um Estado-Nação a um só tempo por excelência e por antiguidade; uma nação dotada de uma predisposição histórica à memória, e que passou de uma consciência histórica de si mesma

[112] NORA, Pierre. Mémoires comparées. *Le Débat*: Mémoires Comparées, p. 3-4.
[113] Permito-me remeter a DETIENNE. *Comparer l'incomparable*, p. 29-30; p. 41.
[114] NORA, Pierre. La loi de la mémoire. *Le Débat*: Mémoires Comparées, p. 187-191.
[115] NORA. La loi de la mémoire, p. 189-190.

a uma consciência patrimonial, com toda evidência ela própria ancorada no mais fundo da memória nacional. Uma memória provavelmente "única" na Europa ou no mundo. Graças à exploração "comparada" do complexo "memória, história, nação", parece que nos aproximamos dos fundamentos daquilo que nos atraiu tão intensamente: o "mistério da identidade nacional". O que é uma singularidade? Há muito tempo, os historiadores se contentam em afirmá-la, dizendo, por exemplo, que a Alemanha é "a terra e o sangue", ou que a França é "uma pessoa". Mais recentemente, alguns deles buscaram problematizar a singularidade da nação e, portanto, da identidade nacional.[116] Singular evoca aquilo que em nada se assemelha aos outros, aquilo que provoca a surpresa, aquilo que afeta por se distinguir. Há na "singularidade" algo de a um só tempo único e "incomparável".

Ninguém o contesta: a história nacional é um gênero, e poderíamos fazer com proveito sua história comparada entre as ricas províncias da Europa, sem temer prolongá-la em direção aos continentes onde encontrou terras hospitaleiras. Todavia, é na Europa que, para defini-la, filósofos e historiadores adotam posições contrastantes. Os primeiros, desdenhosos por costume, permanecem muitas vezes ignorantes em relação às culturas e sociedades diferentes daquelas onde nasceram e aprenderam a filosofar. Ficam, portanto, livres para pensar entre eles que "haveria como que uma escolha cultural sem volta, aquela da escrita da história", uma "anterioridade" inencontrável da história que se fala e se traça ao mesmo tempo.[117] Ao passo que os historiadores, seus contemporâneos no mundo acadêmico e no meio universitário, reconhecem entre si que a história nacional – que não é apenas um gênero literário – "modelou em profundidade, durante séculos, a consciência nacional".[118] Alguns, prudentes e circunspectos, gostariam de propor uma data vizinha

---

[116] BURGUIÈRE, André. La problématique de la singularité française. In: BOLL-JOHANSEN, Hans (Éd.). *L'identité française*. Copenhague: Akademisk Verlag, 1989. p. 50-61; e BURGUIÈRE, André; REVEL; Jacques (Dir.). *Histoire de la France, I* [1989]. Paris: Seuil, 2000. p. 7-31. Citados respectivamente de agora em diante como "Problématique" e "Préface".

[117] RICŒUR. *La mémoire, l'histoire, l'oubli*, p. 173-175.

[118] BURGUIÈRE; REVEL. Préface, p. 8.

ao advento da nação que se torna Estado, como ela se encontra ao longo do século XIX.[119]

O quadro nacional, reenquadrado

Não há, com efeito, nada mais estável do que o quadro nacional entre o século XIX e o XX, como aponta um historiador, especialista desta vez em "singularidade da França". O olhar lançado à singularidade varia de acordo com os temperamentos. Um historiador dedicado às Cruzadas e ao Sagrado, como Alphonse Dupront, colocará o acento na eleição da França, se deterá no mistério do enraizamento na terra da França, fará descobrir a excelência de uma terra "que, pela memória e pela presença dos mortos, se aprofunda em história".[120] Ao passo que um outro, formado na história crítica e social dos *Annales*, como André Burguière, se esforçara por "problematizar" a singularidade francesa. Esboça-se, então, a história de uma gênese em que se parte "do particular" para descobrir uma "singularidade". Não basta mostrar, escreve o historiador dos *Annales*, "em que o itinerário *particular* de nossa história *selecionou* alguns traços que *distinguem* nossa sociedade, nossa cultura, daquelas das outras nações[121]"? Em lugar de uma constatação, "Nós temos a memória", Burguière prefere coletar uma série de características que lhe parecem determinantes. Há, em primeiro lugar, a "precocidade" em se contar sua própria história e em ligar "a França" a suas origens; há em seguida a formação "precoce" do Estado que constrói o território da nação.[122]

Em sua busca pela singularidade francesa, o historiador dos *Annales* não se deixa seduzir por aquelas ou aqueles que querem surpreender a eclosão do "sentimento nacional" no coração do século XIV "francês". Com razão, ao que parece, ele opina a favor da III República, que vê a formação da unidade nacional e a unificação cultural do território.[123] Sem dúvida, ele pensa também na emergência

---

[119] BURGUIÈRE. Problématique, p. 56.
[120] DUPRONT. Du sentiment national, *passim*.
[121] BURGUIÈRE. Problématique, p. 51 (eu sublinho).
[122] BURGUIÈRE. Problématique, p. 52 e 59.
[123] BURGUIÈRE. Problématique, p. 56 (seguindo os passos de Eugen Weber).

da *Histoire de France* que constitui, então, com Ernest Lavisse, "a plenitude de um momento nacional", como já nos recordaram. Aliás, o próprio Burguière indicou, no início de sua investigação, que é a "singularidade de nossa história" que constitui "não apenas a base, as raízes, mas a própria substância de nossa identidade".[124]

Ao leitor curioso diante de sua problemática, o historiador dos *Annales* toma o cuidado de lembrar várias vezes que ele privilegia uma abordagem comparatista, fiel aos ensinamentos de Marc Bloch. Convidado também à crítica, seu leitor se perguntará se a dupla "precocidade" alegada foi objeto de um questionamento conceitual, se foi posta em perspectiva, por exemplo, com outras nações que, há mais de um século, reivindicam também uma "singularidade" forte, como o Japão, a Inglaterra, a Alemanha, o México ou o Peru dos Peruanos. Parece que uma abordagem resolutamente comparatista, de preferência *entre historiadores e antropólogos*, poderia ser útil para ver e analisar como se molda um objeto do tipo "História nacional". Sobretudo quando essa história, dizem-nos em relação aos franceses, se tornou "como que uma segunda natureza"[125] (doc. 12).

Hoje, como ontem, a história nacional não para de se escrever, ela se atribui séculos, às vezes milênios; ela descobre em si traços singulares, numa relação privilegiada ora com seu território, com a cor dos seus mortos, com a fecundidade de sua terra, ora com maneiras de sentir, de comer e de pensar vindas do fundo das eras, ou numa predisposição histórica à memória, única e admirável. É tempo de voltarmos ao historiador que melhor penetrou aquilo que Burguière chama de "os mistérios da identidade nacional".[126] Numa reflexão sobre "Profano e Sagrado na República",[127] Pierre Nora mostra como surge a sacralidade nacional: desde que uma realeza sagrada ilumina a França; em seguida, pela transferência do divino à história nacional com a reviravolta da Revolução francesa; finalmente, quando a memória republicana, apropriando-se do

---

[124] BURGUIÈRE. Problématique, p. 51.
[125] Depois de Dupront, ver JOUTARD, Philippe. Une passion française: l'histoire. In: BURGUIÈRE, André; REVEL; Jacques (Dir.). *Histoire de la France, III* [1993]. Paris: Seuil, 2000. p. 301-394.
[126] BURGUIÈRE. Problématique, p. 60.
[127] Publicada em *Médium*, juil.-sept. 2005, p. 22-31 (seria preciso citá-la na íntegra).

tempo e do espaço, lança-se num empreendimento de inspiração sagrada. Na França, cabe à história encarregar-se da memória sagrada da nação. Somente a história está qualificada para atingir o essencial da identidade da França.

Não é verdade que ela se tornou, graças aos historiadores franceses e da França, a espinha dorsal da consciência nacional (doc. 13)? Nora sabe, como todo mundo, que "Todos os países deram à nação um caráter sagrado." Ele deseja, portanto, delimitar o que há de mais específico no sagrado nacional e republicano da França: a unidade, herdada da era monárquica; o universalismo pela graça da eleição e a missão católica de civilização; enfim, a mística republicana inscrita nas liturgias da comemoração.

Se a própria França se tornou sagrada em sua história, parece, de acordo com o mesmo historiador clínico, que sua identidade histórica e nacional sofre hoje de mal-estar e de uma espécie de anemia.[128] Caberia, portanto, aos historiadores da singularidade buscar os remédios apropriados e dá-los a conhecer, eventualmente, aos responsáveis pelo ministério da Identidade nacional. Profano na matéria, limitei-me a chegar mais perto daquilo que, do interior da identidade nacional e histórica, é chamado de "mistério".

---

[128] NORA, Pierre. Malaise dans l'identité historique. *Le Débat*: Le Pessimisme Français, n. 141, p. 44-48, 2006.

CAPÍTULO VI

Do mistério ao ministério, a vergonha republicana

Um mistério precisa de crentes, senão enfraquece e definha como tantos mistérios defuntos. Felizmente, a necessidade de crer é tão dura e cruel na espécie humana quanto a de beber e comer, tão numerosos são aqueles e aquelas ávidos de participar de um laço institucional que ofereça à imagem que temos de nós mesmos sua coesão, seja ele uma célula familiar, um grupo, seja um partido, uma paróquia, seja uma comunidade, uma região, uma nação. Com a referência à imagem que temos de nós mesmos, estamos próximos de uma sociedade em vias de esquecer sua simples sobrevida e preocupada já com sua transmissão provável. Olhemos para ela, por exemplo, no estágio hipotético da repleção e da felicidade que uma semicompletude dá, com seus aprendizes historiadores, crescidos no seio da nação que lhes deu à luz e que aprenderam a amar como uma pessoa, num quadro tão naturalmente nacional a seus olhos que nunca viram outro. Verossimilmente, esses jovens historiadores, entregues a uma educação totalmente nacional, logo serão levados a focalizar a *singularidade* da nação mãe e pátria, cujo itinerário particular no tempo selecionou os traços que a distinguem de todas as outras, seja sua forma divina de Vaca sagrada,[129] seja sua espantosa precocidade em contar para si mesma sua eleição e suas origens.

Atravessando as terras áridas da dívida para com os mortos e descobrindo as primeiras matas da historicidade, fui levado a falar

---

[129] Para a vaca "fundamental" na Índia, ler o excelente ASSAYAG, Jackie. *L'Inde: désir de nation*. Paris: Odile Jacob, 2001 (em particular, p. 89-133).

de ficções, de mitos, de mitologias e mesmo de mitideologias. Convidaram-me a fazê-lo alguns daqueles que acreditam no mistério que eu queria abordar. Talvez não seja inoportuno nos determos no que poderiam significar mito e mitideologia. No Ocidente, no sentido mais prolífico, mito e mitologia falam ainda e sempre a língua de Homero, aquela que se teceu de novo entre Gregos e Americanos desde o século XVIII. Mais recentemente, ensinaram-nos que um mito, em geral e sem formalidade, é uma história, tida por "verdadeira", transmitida de boca em boca; que esta pode tanto falar do tempo em que os animais e os homens ainda não eram distintos quanto da perda da imortalidade, da descoberta do fogo, do nascimento dos deuses ou da aparição da espécie humana nas montanhas ou à beira do mar.

Ninguém deveria ser empalado nem deposto de sua nacionalidade por ter sugerido que aquilo que chamamos de mitologia poderia ser o produto de um espírito que prefere, a respostas parciais, "explicações" que englobem a totalidade dos fenômenos. Se não afastamos a ideia de que nós também, hoje como ontem, produzimos mitos, poderíamos admitir que as mitologias tomam forma graças a uma necessidade constante de dispor de interpretações do mundo capazes de fazer compreender a totalidade dos fenômenos. Pode-se pensar também que os mitos mais presentes numa cultura, e muitas vezes de um modo implícito, são bons objetos para a memória humana. Facilmente memorizáveis, eles são dotados de uma espécie de eficácia global que parece querer capturar tudo e ligar tudo a tudo.[130]

Aquilo que os crentes chamam, de dentro, de "mistério", nós designamos, de maneira mais objetiva, por "mitideologia", como uma configuração complexa de representações, de imagens e de ideias. Essa complexidade, que cada um percebe intuitivamente, uma colocação em perspectiva de configurações distintas no tempo e no espaço permite, me parece, analisá-la focalizando as componentes e seu

---

[130] Ver SMITH, Pierre. La nature des mythes. *Diogène*, n. 82, p. 91-108, avr.-juin 1973; e SPERBER, Dan. *La contagion des idées*: théorie naturaliste de la culture. Paris: Odile Jacob. 1996. *passim*.

agenciamento lá onde o comparatista pode seguir ora sua montagem, ora suas modalidades de cristalização. Na tradição europeia – que, certamente, restringe o campo, mas parece ter desempenhado um papel importante na necessidade de identidades em todos os gêneros –, a multiplicidade das experiências já feitas nos deixa mais atentos à existência, na cultura do "senso comum", de *esquemas conceituais* que parecem ao mesmo tempo estáveis e mais ricos emocionalmente.

Os desenvolvimentos atuais da identificação e da identidade, ao mesmo tempo na Europa e nos países anglo-saxões, fazem ver o quanto foi essencial o suporte material inventado e imposto pela nação para individualizar e "personalizar" cada um. Donde a importância que convém reconhecer às práticas constitutivas da identidade, às operações administrativas, ao estabelecimento de um estado civil centralizado, à exigência política de uma "identidade nacional" que se torna obrigatória. Paralelamente a essas práticas de fichamento pelos serviços de polícia e do estado civil, o estabelecimento de uma educação de tipo nacional e homogêneo permitiu inculcar nos cidadãos de uma nação uma representação "histórica" de si, com a autoridade do impresso lastreado com suas imagens, frequentemente desde o primário e até o ensino superior. Toda uma parte da pesquisa atual em história da história pretende compreender como historiadores, ao mesmo tempo no ensino e na escrita, reforçaram e muitas vezes modelaram as mitologias nacionais que logo se tornam nacionalistas. Sem dúvida, será preciso também começar a avaliar sua "responsabilidade" como ela apareceu na violência do genocídio de 1994 em Ruanda ou nos massacres perpetrados em nome de uma "Grande Sérvia" ficcionada por acadêmicos e historiadores oficiais. Um ensino de história vindo do alto equivale a um "ministério da Identidade cultural e da Memória" como foi batizado na Padânia, na Itália do Norte, hoje.

Focalizar certas componentes, mais legíveis que outras, não significa que elas sejam "laços primordiais". Cada um dos elementos levantados no reconhecimento aqui feito dessas mitologias da identidade, parece só ter sentido nas múltiplas relações que pode estabelecer com outros, dotados *a priori* da mesma plasticidade. Isso acontece com o sangue, a terra e os mortos, para citar os termos mais trabalhados nas mitologias europeias nos dois últimos séculos. A terra, já o vimos diversas vezes, se presta a estranhas metamorfoses: em lugar de ser a base inabalável dos deuses e dos homens de nossa mitologia escolar, ela pode se tornar superfície plana, incessantemente percorrida por caçadores nômades, como aqueles Índios da Amazônia que se obstinam em apagar todos os vestígios de sua presença, vivos e mortos. É um nômade, vindo da Caldeia, Abraão é seu nome, que passa por ter fundado o túmulo dos Patriarcas e por ter se colocado a caminho da "Terra prometida", uma terra que alguns de seus presumidos descendentes não param de recusar, ao passo que outros, ferozmente decididos a ancorá-la, fazem dela uma "Terra sagrada", pensando assim negá-la àqueles que a queriam "santa", de acordo com sua religião conquistadora. Naquilo que é chamado de "o Antigo Testamento", por exemplo, a única porção de chão dita "Terra sagrada" aparece sob a forma de um "arbusto ardente" bem no meio do deserto.[131] Israel se lembra.

Pequena mitologia se tornará grande

Nas milhares de culturas que conhecemos hoje, há mitologias de autoctonia para indígenas e aborígenes, mas também para geógrafos-historiadores como aqueles que, na Europa, em suas cátedras universitárias, identificaram lugares muito antigos onde homens estabeleceram laços com a natureza há "muito, muito tempo". Eles mostraram a seus contemporâneos que esses lugares têm uma fisionomia, uma personalidade que os distingue de todos os outros. Há uma mística do solo assim como há uma mística do enraizamento, ao passo que, na mesma etnia da Europa, inventa-se em torno do amor pelo chão natal a representação de um comportamento político – de "esquerda" ou de "direita" – de origem geológica, o granito sendo de direita e o calcário de esquerda.[132] Nas terras austrais, lembramos do espanto de alguns Anglo-saxões,

---

[131] ATTIAS; BENBASSA. *Israël, la terre et le sacré*, p. 32.
[132] Ver VEITL, Philippe. Territoires du politique: Lectures du "Tableau politique" d'André Siegfried. *Politix*, n. 29, p. 103-122, 1995 (da geografia de Vidal de La Blache à sociologia eleitoral de Siegfried).

que se diziam certamente entre eles "de boa extração", como seu gado, quando descobriram entre seus aborígenes laços com a terra que não são de propriedade, mas de tipo religioso e impregnados de ancestralidade topológica. Não longe de sua insularidade de origem, os mesmos Ingleses teriam podido observar etnias que se diziam da Ilha de França e desenvolviam a partir de uma teologia cristã do século XII a grande mitologia da terra e dos mortos, em que fincaria raiz uma história nacional de alta ramagem. Muitos são os países da Europa onde uma mitologia da ancestralidade se funda sobre a ideia "católica" do cemitério como lugar de comunhão entre os mortos e os vivos, daqueles e daquelas que fazem parte da mesma "assembleia". Ao passo que, ainda ontem, um sábio da região de Baden, onde o sangue e a terra se amam com um amor violento, professava o enraizamento da "Verdade" filosófica no solo, na raça e – fato mais raro – na língua de sua etnia.

Laços, direitos e dívidas se misturam e se modulam por sua vez em função da natureza e das escolhas dos grupos humanos, segundo sejam eles em maioria camponeses, caçadores-coletores, nômades meio sedentários ou citadinos de cidades ilimitadas onde pululam centenas de novos laços étnico-religiosos carregados de seus próprios mitos. Passeando por aqui e por ali, podemos encontrar autóctones que se dizem enraizados e nascidos da própria terra em que se encontram, e que não prestam nenhuma atenção particular aos mortos ou à ancestralidade, nem ao sangue e a seus valores potenciais. Um pouco mais longe, o mesmo passeador curioso em relação às variedades da espécie humana descobrirá talvez a espantosa hegemonia que exerce sobre a terra com seus mortos o sangue transmitido de ser vivo a ser vivo. Isso poderia se dar através do imaginário de um sangue depurado por uma alquimia matrimonial entre pessoas ditas nobres ou graças à intervenção de um sangue fundamentalmente puro, privilégio de uma raça batizada de "ariana" e miraculosamente preservada, pela força de um culto dos ancestrais, de todo casamento desigual e toda a mestiçagem, uma raça tão consciente de sua extrema pureza que, diz-se, teria se mostrado determinada a exterminar os eventuais portadores de um sangue radicalmente impuro.

Uma abordagem comparativa como a que esbocei funciona primeiramente como uma espécie de caleidoscópio em que fragmentos de cores variadas são refletidos por um jogo de espelhos angulares, mas sem necessariamente formar figuras simétricas. Ela permite colocar em movimento configurações de tipo poliédrico como algumas daquelas que acabamos de olhar, indo de uma mitologia a outra. A fim de localizar, entre tantas experiências já feitas, bons "comparáveis", conviria sem dúvida analisar em profundidade as componentes fixadas e agenciadas em alguns esquemas conceituais que parecem mais eficazes que outros. Assim, do lado do Ocidente, o da "terra e os mortos" ou do "sangue e a terra", que beneficiam ambos de uma longa vida. *Investigação a ser feita.*

Não seria inútil recordar, fazendo eco a nossas primeiras considerações, que uma grande parte da eficácia dessas mitologias da Europa provém das representações da *mesmidade*: fazer crer, fazer crer a si mesmo que se pertence a uma coletividade cujos indivíduos se parecem mais do que em outras partes, nasceram do mesmo solo ou possuem o mesmo sangue desde sempre. Não é impossível que uma forma de felicidade, elementar se não "primordial", possa surgir da ideia "securitária" de ser o mesmo na mesmidade de um grupo, seja ele nacional, seja familiar. Seria uma maneira de sugerir que uma boa "mitologia nacional" apoiada "no foco irradiador da identidade" deve ser muito bem configurada, conceitual e emocionalmente, para se autorreproduzir.

CAPÍTULO VII

Em resumo: um nacionalismo ordinário

> *Não esperem mais [...] franqueza, equidade, solicitude, serviços, benevolência, generosidade e firmeza de um homem que há algum tempo se entregou à Corte e que secretamente quer sua fortuna. Vocês o reconhecem por seu rosto, por sua maneira de falar? Ele não chama mais cada coisa por seu nome; não há mais para ele tratantes, velhacos, tolos e impertinentes: aquele sobre quem ele se deixaria levar a dizer o que pensa é aquele mesmo que, vindo a sabê-lo, o impediria de progredir.*
> JEAN DE LA BRUYÈRE,
> *Les Caractères*,
> "De la Cour" (62, VIII).

Alguns dias atrás, o acaso me fez cruzar um amável "não autóctone". Foi por ocasião de um seminário de pesquisa sobre o princípio de incerteza do direito à identidade (um assunto espinhoso para antropólogos, teólogos e serviços de polícia). Curioso para saber por que eu o saudara assim, com um sorriso cúmplice, meu interlocutor me perguntou o que queria dizer "autóctone" em francês e que relação havia entre essa estranha qualidade e aquilo a que chamam "identidade nacional". Ele ouvira dizer que ela existia em forma de carteira. Pode-se encontrá-la em algum distribuidor? Em que esquina?

Autóctone, eu lhe disse, desculpando-me pela sonoridade bárbara, é uma palavra de origem grega; significa que alguém se quer nascido da própria terra onde está. No Ocidente, por estranho que pareça, tudo o que é "grego" é importante. Uma simples olhada no passado próximo. No meio do século V antes de nossa era, uma pequena cidade-aldeia da Hélade foi brutalmente atingida pelo vírus da "hipertrofia do eu", uma perigosa epidemia que conduziu seus dirigentes a instituir uma cerimônia anual em que um orador, especialista em oração fúnebre, celebrava diante das urnas funerárias dos mortos na guerra a glória imemoriável dos Atenienses. É assim que se nomeiam os únicos Gregos a se pensarem "nascidos de si mesmos" e destinados a trazer a "civilização" à espécie humana. Felizmente, esse terrível vírus não é transmitido aos animais, mas, após um período de latência, pode ser reativado no gênero humano, e ainda mais na espécie dos bípedes sem penas.

Foi o que aconteceu na Europa, no século XIX, quando os povos, as nações, as cidadanias se tornaram apostas maiores entre Estados concorrentes. Falo da Europa, pois, do outro lado do Atlântico, em 1776, quando treze pequenas colônias decidem se federar contra os Ingleses, elas evitam falar de "nação". Elas não estão rodeadas e povoadas por Negros escravos e Índios "já lá"? Aqueles que se proclamam "*native*" americanos no início do século XX, os *verdadeiros* Americanos, o fazem para tentar excluir os imigrantes irlandeses, poloneses ou italianos que ameaçam sua "identidade", já rica de duas ou até três gerações. Logo se vê: não é nada simples encontrar-se entre indígenas, nativos, autóctones, nacionais, de cepa, ou mesmo enraizados. Como explicar em duas palavras por que, por exemplo, a França (como aliás também os Estados-Unidos) se recusa a reconhecer os Direitos dos povos autóctones, hoje 1.200, enquanto os juristas das Nações unidas penam para distinguir os "povos primeiros" daqueles que seriam "autóctones"?

Para um "não autóctone" sem preconceitos, o melhor, ao que parece, é ter alguma luz sobre a coisa dita "identidade nacional". Bem estranha para quem vem de outras partes, mas bastante simples de descrever na terra dos Gauleses e dos Francos, onde nasceu e cresceu. É, de fato, a França da Europa (e não a de ultramar) que constitui o melhor laboratório para analisar a alquimia da identidade nacional. Ela poderia começar por uma abordagem leve e sem ornamentos da identidade coletiva: o que permite a seres humanos crer que pertencem a um grupo cujos indivíduos se assemelham mais que outros, porque, como se diz, eles nasceram de um mesmo solo ou possuem o mesmo sangue desde sempre. Em suma, a identidade de uma coletividade remete à "mesmidade", ser os mesmos, permanecer os mesmos. O que pode sobrevir no quadro de uma tribo, de uma etnia ou de uma nação. Como vocês quiserem.

Em "identidade nacional", o termo identidade é primeiro. Todos podem saber que, no século XIX, é um termo técnico da medicina legal: remete ao reconhecimento de uma pessoa presa, de um preso foragido, de um cadáver ou de um esqueleto submetido ao exame dos serviços de polícia judiciária para estabelecer se realmente é aquele de tal indivíduo distinto, em princípio, de todos os outros. "Identidade" surge entre o morto e o vivo. Esse primeiro procedimento desemboca diretamente no objeto material batizado de "carteira de identidade", ao longo de uma história tumultuosa, passando pelas técnicas de identificação policial, a invenção das impressões digitais e os diferentes labirintos jurídicos, para culminar, em 1941, sob o regime de *Vichy*, na criação de uma "caderneta identificadora individual" dos Franceses, seguida de perto, em 1947, pelo modelo "definitivo" da carteira de identidade. Entre Pétain e de Gaulle, o Estado francês tinha dado ao "nacional" seu suporte tecnológico em identificação.

Quanto ao "nacional", digo a meu "não autóctone", ele cresceu, e muito, ao lado de sua irmã Identidade. Historiadores, ideólogos, políticos, religiosos: todos colaboraram para lhe dar seus traços fundamentais. Os historiadores, desde os anos 1880, se põem a escrever uma história da França, nascida de si mesma; os ideólogos, paralelamente, buscam forjar uma "consciência francesa" sobre os fundamentos de "A terra e os mortos". Os políticos reforçam a ação dos ideólogos e dos historiadores instituindo um grande culto nacional dos "mortos pela pátria", articulado a uma poderosa cultura do nacional (que responde à cultura da raça, característica dos inimigos essenciais desde a derrota de 1870). Quanto aos religiosos, que inventaram no século XII o "cemitério cristão", excluindo os Judeus, os Infiéis, os estrangeiros e outros descrentes, eles continuam a manter, de uma República a outra, a crença de que somos herdeiros dos mortos, de *nossos* mortos, mais precisamente, e isso desde a pré-história. "Grandes historiadores" nos asseguram disso com a extrema direita e seus seguidores.

Na medida em que uma sociedade decide se reconhecer em seus mortos, na terra onde ela se enraíza, naquelas e naqueles, cada vez melhor identificados, que verdadeiramente lhe pertencem, ela deve excluir tudo o que não for dali mesmo, de casa, que não for *"natural"*, como dizem os Anglo-saxões, ou seja, os estrangeiros, os *foreigners*, e, em primeiro lugar, os imigrados, tantas vezes úteis, senão indispensáveis, nas economias europeias, ontem, hoje e amanhã. Pouco importa que, tornados cidadãos como os outros na segunda, senão na primeira geração, na terra da França, os estrangeiros-imigrados sejam imediatamente reconhecidos culpados pelos infortúnios econômicos e pelas angústias sociais que ocorrem aqui e ali.

"Terra de excelência", a França não para de cultivar o que chama de sua "singularidade". Historiadores e políticos (muitas vezes eles aprenderam a mesma história no primário) se esforçam por acumular as provas da "exceção" francesa em todos os domínios da inteligência e das competências. Os candidatos às últimas eleições presidenciais nessa província da Europa o testemunham através de proclamações como: A França é carnal; é um milagre; só ela pode exprimir as necessidades profundas do espírito humano; a biologia essencial do povo francês faz dele um grupo à parte; imigrados e estrangeiros são uma ameaça para o futuro da França e sua identidade nacional.

Desde os avanços da extrema direita com seus 30% de partidários e simpatizantes (é a cifra de Vichy), em 2002, isso estava no ar do tempo. Foi necessário o encontro na Academia francesa de dois historiadores para que brotasse a ideia nova de que há um "mistério da identidade nacional" e se impusesse, à esquerda e à direita, a evidência de que a identidade nacional está em crise: crise de nossa identidade histórica – os historiadores a diagnosticam como especialistas, mundialmente reconhecidos; ensaístas e filósofos o confirmam: está havendo uma ruptura do laço com nossos mortos. Nessa emergência, o projeto de um ministério da Identidade nacional se torna uma medida de saúde pública. Não basta recorrer à autossuficiência do imaginário nacional, nem aos Trinta Dias que fizeram a França.[133] Programadores franceses finalizam a máquina inteligente que permite definir todos os parâmetros da identidade nacional: íris e retina, impressões digitais (do pé e da mão), idade, religião, local de nascimento e de residência, ficha judicial, cor, DNA, gostos, leituras, pessoas e lugares que frequenta e todas as nuances dos sentimentos de pertencimento ao que quer que seja.

É hora de perguntar cortesmente a meu interlocutor "não autóctone" de onde ele vem, se ele é, como eu, um nômade sem raízes: nada disso, ele me diz, "eu sou um magiar de cepa". Perfeito, você está aqui no país da Revelação da Identidade Nacional. Um ministério novinho em folha o espera se você quiser ser assimilado, misturado, mesclado, mestiçado, inserido, integrado ou, se não, expulso. Só ele conhece e possui a verdade da identidade nacional e de seu mistério.

Comunicado de última hora. Dizia-se há pouco: a França considera seriamente a possibilidade de modificar o nome do ministério da Imigração e da Identidade nacional acrescentando "e do sentimento nacional", em conformidade com a opinião dos cientistas competentes. Na França de Lascaux e da Sagração de Reims, parece urgente reerguer a identidade nacional e reforçar o sentimento de orgulho de ser francês, para os verdadeiros Franceses. "Que esse país seja muito pouco *racista* indica fundos de almas à altura da terra inteira dos homens" (obrigado a Alphonse Dupont, pensador do Sagrado e historiador das Cruzadas).

Europa dos incuráveis,
dezembro de 2009

---

[133] *Trente Journées qui ont fait la France*. Trata-se de uma coleção lançada pela editora Gallimard nos anos 1960 em que cada livro evoca uma data "decisiva" para o "destino" da "identidade francesa". (N.T.)

APÊNDICES

Documentos

1. Platão

"Então que meio teríamos, disse eu, para persuadir, sobretudo os próprios dirigentes, mas, se isso não for possível, o resto da cidade, de uma certa nobre mentira, uma dessas mentiras produzidas em caso de necessidade de que falávamos há pouco?
– Que mentira? disse ele.
– Nada de novo, disse eu, uma invenção de origem fenícia que, no passado, já se fez presente em numerosos lugares, pelo que afirmam os poetas e pelo que dão a crer, mas que não se faz presente em nosso tempo, e não sei se poderia se fazer: é que para persuadir as pessoas dela seria necessária uma grande força de persuasão.
– Você está me dando a impressão, disse ele, de alguém que está hesitando em falar.
– E você vai considerar bastante normal que eu hesite, disse eu, quando eu tiver falado.
– Fale, disse ele, e não tenha medo.
– Tudo bem, vou falar – no entanto, não sei de que audácia e de que palavras terei que me utilizar para falar e para tentar persuadir primeiramente os próprios dirigentes e os militares, em seguida o resto da cidade, disto: que aquilo de que os provimos criando-os e os educando era como um sonho que lhes dava a impressão de experimentar tudo isso e vê-lo acontecer ao seu redor: mas que na verdade eles estavam então sob a terra, em seu seio, sendo eles

próprios modelados e criados, suas armas e todo o resto de seu equipamento estando em curso de fabricação; que, uma vez sua fabricação terminada, a terra, sua mãe, os tinha posto no mundo; e que agora eles devem deliberar a respeito da região onde estão, e defendê-la contra qualquer um que a ataque, como se estivesse ali sua mãe e sua ama, e pensar nos outros cidadãos como em irmãos nascidos como eles da terra."

La République. Tradução de Pierre Pachet. Paris: Folio Essais, 1993. III, 414b-414e.

2. Jacques Robichez e Jean-Marie Le Pen

Jacques Robichez

"Vamos, portanto, escutar os historiadores, vamos remontar ao passado de nossa nação até seu nascimento e mesmo além, até os elementos fundamentais que, como que providencialmente, a constituíram."

Avant-propos. In: *Les origines de la France: XIIe coloque du conseil scientifique du Front national* (octobre 1996). Paris: Éditions Nationales, 1998. p. 9. (Débats).

Jean-Marie Le Pen

"Não haverá França sem Franceses [...].

O patriotismo tem parentesco com a ideia de propriedade transmissível [...]."

"Quem ousaria, afora talvez alguns traidores, aceitar que, em troca desse engodo, *a França, torrão de terra nas mãos do camponês,*[134] horizonte do marinheiro, berço da criança, túmulo do herói, mãe das artes, das armas e das leis, *a França, filha mais velha de Atenas e de Roma,* florão da história humana, desapareça?"

"Sim, há desigualdade das raças assim como há desigualdade das civilizações. Persisto e assino embaixo, e esclareço que, sem desigualdade, a França não seria a França."

"Sim, no coração do combate político, no coração de uma certa ideia da França, se situa a questão da memória."

---

[134] Nesse documento, os itálicos são de Marcel Detienne. (Nota do editor francês)

"A política consiste [...] em atualizar uma memória, em manter viva uma tradição, em assumir uma herança [...]."

"[A França] remonta a tão longe quanto nosso sangue. [...] Em nossas veias corre ainda sua memória [a de nossos ancestrais]."
Pour une certaine idée de la France. In: *Les origines de la France*, p. 13, 14, 17, 24, 25, 26.

3. Albert Thibaudet

"Um dia escreverão a vida política de Barrès. Haverá um capítulo sobre o Barrès socialista (1892-1897). E reconhecerão talvez que a ideia nascida com Barrès nos confins da Lorena era uma espécie de nacional-socialismo, extremamente antissemita, em que, com algum artifício, poderíamos discernir, desde o fim do século XIX, num escritor francês, vários dos temas surgidos bruscamente na Alemanha após a morte de Barrès. O autor dos *Bastions de l'Est* teve sua guerra em 1914. Ele tem sua Alemanha em 1934. É, aliás, na Alemanha que ele encontrará sempre, no estrangeiro, a maior atenção e o maior número de comentadores."

Histoire de la littérature française. Paris: Stock, 1936. p. 476, citado por STERNHELL, Zeev. *Maurice Barrès et le nationalisme français*. Paris: Fayard, 2000. p. 13.

4. A identidade da França

"[...] talvez tenha havido no espaço 'francês', forçando um pouco as cifras, um bilhão de homens que, antes de nós, viveram, trabalharam, agiram, deixando, por menores que sejam, heranças incorporadas a nosso imenso patrimônio. Vivos, somos mais de 50 milhões hoje; juntos, nossos mortos são vinte vezes mais numerosos. E não esqueçam que eles continuam presentes 'sob os pés dos vivos'."
BRAUDEL, Fernand. *L'identité de la France*. Paris: Flammarion, 1990. p. 389.

"O essencial é pôr em seu lugar a enorme herança viva da pré-história. A França e os Franceses são seus herdeiros, seus continuadores, embora inconscientes."
BRAUDEL. *L'identité de la France*, p. 445.

"A História não ensina [...] que [a França] é uma nação forjada a partir de um povo, homogêneo desde o paleolítico, cujo rosto as grandes invasões pouco modificaram ao longo dos séculos?"
Les origines de la France, contracapa.

"Se nos debruçamos sobre a história de nosso povo, só podemos adotar o procedimento de Fernand Braudel, que se recusava a afirmar que "a Gália não existe antes da Gália ou que a França não existe antes da França". É preciso remontar sem medo até os milênios anteriores à conquista romana para ir ao encontro de nossos ancestrais, desse 'bilhão de homens, de que fala Braudel, que, antes de nós, viveram, trabalharam, agiram, deixando, por menores que sejam, heranças incorporadas a nosso imenso patrimônio'."
MÉGRET, Bruno. La France, une réalité d'avenir. In: *Les origines de la France*, p. 89.

5. Maurice Barrès

"Acabamos de colocar sob vossos olhos uma lei importante da produção humana: para permitir que a consciência de um país como a França se libere, é preciso enraizar os indivíduos na terra e nos mortos. Essa concepção parecerá muito material para pessoas que creem ter atingido um ideal tanto mais elevado quanto melhor elas tiverem sufocado em si a voz do sangue e o instinto do território."

"[De um espírito comum que nos animaria,] ele nasceu dessa profunda convicção de que uma pátria é fundada sobre os mortos e sobre a terra, de que os precedentes históricos e as condições geográficas são duas realidades que regulam a consciência nacional."
La terre et les morts (sur quelles réalités fonder la conscience française). Paris: La Patrie Française, 1899. p. 27 e 30.

6. Alphonse Dupront

"[...] a estupefaciente e feliz inconsciência épica do Francês de se sentir em pé de igualdade com o universal acusa na psicologia nacional ao menos dois traços expressivos. Um deles permanece sendo, presos que estamos num gesto à altura do mundo, a incapacidade nacionalista. Embora o desejemos, nada de nacionalismo francês, ou pouco. O nacionalismo implica fronteiras; o Francês viveu essa distorção de só ter fronteiras físicas. Cidadão do mundo, então? Certamente não, mas o mundo, uma outra França. Assim a ausência fundamental de nacionalismo francês pode ser interpretada seja como uma incapacidade humoral, mental ou doutrinária, seja, ao contrário, como um supernacionalismo ultrajante de soberba inocente. O outro traço seria justamente essa indiferença ao estrangeiro, que é uma falsa aparência da acolhida, mas também, em modo passivo talvez, uma capacidade do universal e do humano. Que esse país seja muito pouco "racista" indica fundos de almas à altura da terra inteira dos homens."

Du sentiment national. In: FRANÇOIS, Michel (Dir.). *La France et les Français*. Paris: Gallimard, 1972. p. 1450. (Encyclopédie de la Pléiade).

7. Édouard Conte

"No dia 13 de agosto de 1943, Kramer, comandante de Natzweiler, é convocado ao Instituto de Anatomia em Estrasburgo; Hirt lhe "diz que essas pessoas deveriam ser mortas na câmara de gás e que seus cadáveres deveriam ser levados ao Instituto para que ele próprio pudesse dispor deles. [...] Depois dessa conversa, ele me deu uma garrafa que continha cerca de 250 ml de sal; acho que se tratava de sal de ácido cianídrico (cianureto). O professor me disse aproximadamente a dosagem que eu devia aplicar para envenenar os detentos. [...] Uma noite fui pela primeira vez à câmara de gás com um caminhão pequeno, pelas nove horas, com cerca de quinze mulheres. Disse a essas mulheres que elas deviam entrar na sala de desinfecção, mas não lhes disse que elas seriam envenenadas ali.

Com a ajuda de alguns homens da SS eu as despi completamente e as empurrei para a Câmara de gás quando estavam completamente nuas. Quando as portas foram fechadas, elas começaram a urrar. Depois de ter fechado as portas, introduzi por um tubo instalado à direita da janelinha uma certa quantidade de sal. [...] Iluminei a peça por meio de um interruptor [...] e observei pela

janelinha o que acontecia no interior da câmara. Vi que as mulheres ainda respiraram por meio minuto antes de cair no chão."
Au terme de l'horreur. In: CONTE, Édouard; ESSNER, Cornelia. *La quête de la race. Une anthropologie du nazisme.* Paris: Hachette, 1995. p. 247-248.

"Joseph Kramer declara em seu processo, em 1945, que 'os motivos das deportações não lhe diziam nenhum respeito'. [...] Tendo 'recebido a ordem de executar' os detentos com o gás, ele 'não sentiu nenhuma emoção', acrescentando: 'Aliás, fui criado assim'."
CONTE. Au terme de l'horreur, p. 261.

8. Alfred Grosser

"O mais das vezes, o ensino da história apresenta uma realidade transformada pelo desejo de constituir ou de manter uma identidade nacional positiva. [...] O caso da França deve, no entanto, ser olhado mais de perto. Poucos países, de fato, atribuem um lugar tão importante à história e fazem começar seu ensino desde o primário. Por muito tempo, a *Histoire de France* modelou os espíritos e perpetuou uma imagem prioritária e plenamente positiva da nação. Com duas consequências importantes: uma negativa, a outra positiva.

A negativa se encontra sugerida na formulação ousada de um manual do primário ainda em uso no início dos anos sessenta: "Os Gauleses chegaram. A pré-história terminou." Será que temos o direito de considerar obsoleta essa maneira de negar a China, as civilizações do Oriente Médio, talvez também a Grécia e Roma? Mas ainda hoje, todo mundo, na França, fala do museu d'Orsay como do "museu do século XIX". Trata-se na verdade do século XIX francês, já que poucas obras não francesas estão expostas ali. O espírito dos manuais continua fazendo estragos. Às vezes, com uma boa consciência estupefaciente. Como quando André Malraux, ministro da Cultura, justifica diante da Assembleia Nacional o envio a Tóquio da Vênus de Milo. "Existem afinal quatro milhões de Japoneses, declara ele em novembro de 1964, para irem ver a bandeira francesa colocada atrás dessa estátua. No Japão, assim como no Brasil, todos vêm aplaudir a generosidade do espírito expressa pelo gênio francês." Que escultor francês tinha então criado essa obra grega? Sem o francocentrismo da formação dos adolescentes, disporíamos de tantas fórmulas grandiloquentes?

"Nossa ação visa a atingir metas que, por serem francesas, respondem ao interesse dos homens" (general de Gaulle, 1967). "Esse indefinível gênio que permite à França conceber e exprimir as necessidades profundas do espírito humano" (François Mitterrand, 1975). "A biologia profunda do povo francês faz dele um grupo à parte, distinto para sempre dos outros povos e destinado a se tornar... uma elite para o mundo" (Valéry Giscard d'Estaing, 1981).

Quando, em 1988, um Francês, Jean-Loup Chrétien, foi autorizado a participar de um voo espacial soviético, o jornal *Le Figaro* apresentou as coisas da seguinte maneira: "Acompanhado de dois cosmonautas soviéticos, o Francês decolou da base espacial de Baikonur exatamente na hora prevista!"

Les identités difficiles. 2ᵉ éd. Paris: Presses de Sciences Po, 2007. p. 78-80.

9. Karl Popper

"Escrever a história de longa duração de uma sociedade significa considerar que, para além de todas as suas transformações de estado, essa sociedade conservou alguma coisa de imutável (uma essência) que só pode ser um nome próprio. *A França é e será sempre a França.*[135] Essa essência postulada só é apreensível através da descrição de suas mudanças, que se tornam então a realização de suas potencialidades escondidas."

Misère de l'historicisme. Paris: Plon, 1988 [Oxford, 1976]. p. 43.

10. Georges Duby e Robert Mandrou

"Esse livro breve terá desempenhado seu papel se permitir aos leitores apreender melhor, *fixados por dez séculos de história*, os traços originais da França de hoje, *essa pessoa*."[136]

Frase final do prefácio de *Histoire de la civilisation française*. Paris: Colin. 1958.

Na edição de 1968, a frase desapareceu.

---

[135] Neste documento, o itálico é de Marcel Detienne. (Nota do editor francês)

[136] Neste documento, os itálicos são de Marcel Detienne. (Nota do editor francês)

11. Fernand Braudel

"'Observador" o mais imparcial possível, o historiador deve se condenar a uma espécie de silêncio pessoal. [...] Nos meus livros sobre o Mediterrâneo ou sobre o capitalismo, percebi a França de longe, às vezes de muito longe, como uma realidade, mas em meio a outras, semelhante a outras. Chego, portanto, tarde a esse círculo bem próximo a mim, mas chego com evidente prazer: *o historiador, de fato, só está em pé de igualdade com a história de seu próprio país*,[137] compreende quase instintivamente seus desvios, seus meandros, suas originalidades, suas fraquezas."

L'identité de la France. Paris: Flammarion, 1990. p. 10.

12. Pierre Nora

"Permaneçamos inicialmente no "nível mais baixo" da produtividade histórica. Desses objetos aparentemente triviais e mesmo dos símbolos fetiches da identidade nacional – *A Marselhesa*, as três cores, a divisa republicana, o 14 de julho, o Panteão, os monumentos aos mortos, etc... – até então ninguém cogitara em fazer verdadeiramente a história, porque, por mais incorporados que estivessem a essa identidade vivida, celebrada, ritualizada, eles constituíam, por assim dizer, o ângulo morto da historiografia nacional. Não se trata apenas dos símbolos mais brilhantes, mas, de grão em grão, de todas *as componentes da identidade nacional*;[138] dos mais evidentes, como Joana d'Arc e a torre Eiffel, aos mais marginais, como o dicionário Larousse ou o *Tour de France*. E é precisamente uma das virtudes, aos meus olhos, dessa abordagem nova, *reconduzir ao centro da grande história*, ao *foco irradiador da identidade*, toda essa multidão de temas aparentemente marginais e periféricos – um museu, um livro para crianças, uma pintura de paisagem."

La pensée réchauffée. In: ANDERSON, Pierre. *La pensée tiède: un regard critique sur la culture française*. Paris: Seuil, 2005. p. 117.

---

[137] Neste documento, o itálico é de Marcel Detienne. (Nota do editor francês)
[138] Neste documento, os itálicos são de Marcel Detienne. (Nota do editor francês)

Este livro foi composto com tipografia Bembo e impresso
em papel Pólen Bold 90 g/m² na Formato Artes Gráficas.